AF451399

DU LIVRET D'OUVRIER.

Marseille — Typ. et Lith. Barlatier-Feissat et Demonchy, place Royale, 7 A.

DU LIVRET

D'OUVRIER

PAR

CAMILLE ARNAUD,

JUGE AU TRIBUNAL CIVIL DE MARSEILLE,

CHEVALIER DE LA LÉGION D'HONNEUR.

MARSEILLE.

VEUVE CAMOIN, LIBRAIRE, ÉDITEUR,

RUE CANEBIÈRE, J.

1856.

AVANT PROPOS.

Ce n'est pas à nous à juger du mérite du livre que nous offrons au public. Nous pouvons dire cependant, sans crainte d'être démenti, qu'il a au moins celui de l'opportunité. Aujourd'hui que le législateur a dit son dernier mot sur le livret d'ouvrier, nous avons pu réunir en un faisceau les diverses dispositions des lois et arrêtés qui régissent la matière, les coordonner et en faire un corps de doctrine. Nous nous sommes efforcé de les rapprocher, de les compléter les unes par les autres, en même temps que nous avons indiqué celles qui sont virtuellement abrogées. Cette dernière partie de notre travail était peut-être la plus délicate, car il est assez difficile, parmi cinq ou six lois ou arrêtés du pouvoir exécutif, qui se heurtent et se contrarient, de distinguer les dispositions abrogées de fait, de celles qui continuent à être en vigueur. Nous disons de fait, parce qu'il n'y a nulle part d'abrogation expresse, sauf pour un seul cas. Nous espérons en être venu à bout.

Nous avons cru devoir insérer dans un appendice le texte des lois, arrêtés et règlements dont nous avons eu connaissance, en élaguant les dispositions qui ne se rattachaient pas à notre sujet. Nous avons donné également les modèles du livret ainsi que du registre à tenir par les chefs d'établissement. Cet appendice aura cela d'utile qu'il dispensera le lecteur de recourir au bulletin des lois, dans lequel, par exemple, il chercherait vainement l'ordonnance du préfet de police de Paris.

Nous terminerons en avertissant que notre intention n'a pas été de faire un ouvrage scientifique. Le sujet ne s'y serait pas prêté. Nous avons écrit principalement pour les industriels et les ouvriers, et nous savons que si, dans ces deux classes, dans la première surtout, se trouvent des hommes qui ne sont étrangers ni à la science ni à la littérature, il en est peu qui aient fait une étude approfondie du droit. Nous avons tâché d'être clair et simple : notre but est d'être utile. L'avons-nous atteint? le public répondra.

SOMMAIRE.

DU LIVRET

D'OUVRIER.

1. L'institution du livret est moderne, elle date seulement du milieu du siècle dernier. Des lettres patentes du 2 janvier 1749 imposèrent aux compagnons et ouvriers l'obligation de prendre de leurs maîtres un congé exprès et par écrit, à peine de cent livres d'amende. Ce congé, sur le refus du maître, était délivré par le juge de police du lieu, en tant néanmoins que l'ouvrier avait achevé l'ouvrage qu'il avait commencé chez son maître, et acquitté les avances qui auraient pu lui avoir été faites. (Art. 1, 2. — Merlin, répert., v° Compagnon. — § 2).

Les maîtres, de leur côté, ne pouvaient employer les compagnons et ouvriers ayant travaillé chez d'autres de leur état et profession, sans qu'il leur apparut d'un congé par écrit des maîtres qu'ils avaient quittés, ou des juges de police, sous peine de trois cents livres d'amende par chaque contravention, et de tous dépens, dommages-intérêts. (Art. 4. — ibid.).

De nouvelles lettres patentes furent rendues en 1781. Elles voulaient que l'ouvrier fût muni d'un livre ou cahier sur lequel devaient être portés successivement les différents certificats qui lui étaient délivrés par les maîtres chez lesquels il avait travaillé, ou par le juge de police.

2. Cette utile institution fut abolie par la loi du 17 mars 1791 qui, en détruisant le régime des corporations, des maîtrises et des jurandes, fit tomber avec elles les règlements dont il vient d'être parlé. La loi du 22 germinal an XI la rétablit.

3. Mais cette loi avait employé des termes trop généraux. Il en résultait que tout ouvrier quel que fût le genre de son travail, était soumis à l'obligation du livret, ce qui dépassait le but qu'on se proposait d'atteindre.

Cet inconvénient fut corrigé par l'arrêté des Consuls du 9 frimaire an XII. Cet arrêté n'imposa l'obligation du livret qu'aux ouvriers travaillant en qualité de compagnon ou de garçon, c'est-à-dire, à ceux qui exerçaient une profession manuelle se

rattachant à une industrie, à une fabrication
quelconque. Depuis lors, la jurisprudence s'est
prononcée en ce sens. Il a été jugé par la Cour de
cassation que l'obligation du livret ne s'étend, ni
aux apprentis, ni aux journaliers, ni au contre-
maître employé dans une manufacture. (Arrêt du
22 février 1839.—Dalloz. Répertoire. V° industrie.
N° 134.)

Au demeurant, on ne peut concevoir des doutes
sur le sens du mot ouvrier, car la signification de
ce mot se trouve clairement définie par l'art. 1er de
la loi du 22 juin 1854, dont les termes sont telle-
ment précis qu'ils ne permettent pas d'équivoque.
Ainsi ne doivent pas être considérés comme ouvriers
les simples journaliers venant par hasard faire
quelques journées dans un établissement : ni ceux
qui sont attachés à une exploitation agricole : ni
les domestiques, commissionnaires, gens de journées : ni les ouvriers d'agriculture. La prescription
du livret imposée à toutes ces personnes eût été
excessive, et l'application de la loi serait restée
impossible envers elles. (Rapport de la commission du corps législatif — V. Moniteur. 13 mars et
2 juin 1854.)

4. Les dispositions de l'arrêté du 9 frimaire
an XII, dont quelques-unes étaient trop favorables
aux patrons, et, par conséquent, gênantes pour les
ouvriers qui ne s'y soumettaient qu'avec peine,
firent naître des réclamations que le gouvernement

accueillit. La loi du 14 mai 1851 y introduisit divers changements, tous portant sur des éléments essentiels. Elle fixa le montant des avances qui peuvent être inscrites sur le livret ; elle changea la quotité de la retenue qu'il était permis de faire sur le salaire de l'ouvrier ; et elle donna la connaissance des contestations à naître entre patrons et ouvriers à des fonctionnaires autres que ceux désignés par la loi du 22 germinal an XI.

5. Telle était la législation que la loi du 22 juin 1854 est venue modifier de nouveau. Nous allons nous en occuper d'abord ; car avant tout il importe de savoir à qui l'obligation du livret est imposée ; quelle en est la forme ; par qui il est délivré ; et de quelles peines la loi frappe l'infraction à ses dispositions. Nous rechercherons ensuite quelles sont les dispositions des lois antérieures qui sont demeurées en vigueur. Nous aurons ainsi un commentaire complet sur la matière.

6. Dans le système de cette loi, l'obligation du livret ne s'applique, comme par le passé, qu'aux travailleurs qui méritent réellement la qualification d'ouvrier. L'art. 1ᵉʳ ne permet pas de se méprendre. Ne sont ouvriers et tenus de se munir d'un livret, que ceux qui sont attachés aux manufactures, fabriques, usines, mines, minières, carrières, chantiers, ateliers et autres établissements industriels, ou travaillant chez eux pour un ou plusieurs patrons. Cette dernière disposition qui ne se trouvait pas dans le projet de loi , fit la matière d'un amendement présenté au corps législatif et adopté par le conseil d'état. De plus, l'obligation du livret s'étend aux femmes, parce que aujourd'hui leur emploi dans les établissements industriels est beaucoup plus répandu. Indépendamment de la définition qu'il donne du mot *ouvrier*, l'art. 1er loi 22 juin 1854 contient donc deux innovations à l'ancien système.

Je trouve dans un document émané tout récemment du Préfet de police de Paris, un commentaire exact de l'art. 1er, loi 22 juin 1854. Ce fonctionnaire éminent , en transmettant aux commissaires de police du département de la Seine son ordonnance du 15 octobre 1855 sur les livrets d'ouvriers , leur fait remarquer que le législateur , en soumettant les femmes à l'obligation du livret , n'a eu en vue que les ouvrières de fabrique , et celles qui exercent une profession industrielle proprement dite ; mais qu'il en a excepté les domestiques , les gens de journée ; les couturières et lingères , allant en journée , il ajoute qu'il en est de même pour les individus travaillant pour des consommateurs directement et sans intermédiaires. Ces individus ne sont pas des ouvriers ; ce sont des fabricants , patentés ou non (1) .

(1) Jugé que l'entrepreneur à façon qui travaille chez lui et paye patente , ne peut être considéré comme simple ouvrier, et n'est pas soumis à l'obligation du livret. (C. Nancy.— Arrêt, 10 juin 1849. — D'Alloz, répert., v° industrie, n° 134).

Quant à ceux qui se qualifient *d'artistes*, le Préfet de police hésite à les soumettre à l'obligation du livret. Mais il dit que ceux d'entre eux qui n'en seront pas porteurs ne pourront prendre part à l'élection des prud'hommes. (V. Moniteur du 6 novembre 1855 , n° 310).

7. L'art. 1ᵉʳ, en ajoutant les mots *et autres établissements industriels*, à la nomenclature qu'il contient, nous apprend implicitement que le Gouvernement s'est réservé la faculté de soumettre à l'obligation du livret les ouvriers employés à l'exploitation d'une nouvelle industrie. Cela fut expressément reconnu dans le rapport au corps législatif.

8. L'art. 2 désigne l'autorité qui doit délivrer le livret. Les Maires sont chargés de ce soin dans toute la France , sauf pour Paris et Lyon , ainsi que pour tous les chefs-lieux de département dont la population excède quarante mille âmes.

Dans la première de ces villes , la délivrance du livret est faite par le Préfet de police ; et dans la seconde elle est faite par le Préfet du Rhône qui concentre dans ses mains la double action de l'administration et de la police.

Pour les chefs-lieux de département dont la population excède quarante mille âmes, la délivrance du livret concerne le Préfet. Cela résulte à la fois et de l'art. 50, loi 5 mai 1855 , sur l'organisation municipale, et de la circulaire du ministre du commerce du 18 mai 1855, rapportée par Dalloz, 1855-3-54. Il est évident, en effet, que l'art. 50 ayant limité les attributions des Maires dans les chefs-lieux peuplés de plus de quarante mille âmes, tout ce qui est hors de là est du ressort du Préfet. Les Maires de ces localités se trouvent donc dans le cas de l'exception contenue dans l'article 2, loi 22 juin 1854, en ce qui concerne la délivrance du livret. On peut consulter sur ce point le rapport fait au Corps Législatif lors de la présentation de la loi du 5 mai 1855. (V. Dalloz, 1855-4-64).

9. Le deuxième paragraphe de l'article 2 défend au fonctionnaire qui délivre le livret de rien percevoir au delà du prix de confection, lequel ne peut dépasser vingt-cinq centimes. L'art. 2 de l'arrêté du 9 frimaire an XII exigeait que le livret fût délivré sans frais ; mais dans l'usage sa sa confection était toujours mise à la charge de l'ouvrier.

10. La forme du livret est définitivement fixée par le règlement d'administration publique promis par l'art. 10 de la loi du 22 juin 1854, et rendu à la date du 30 avril 1855. Le règlement dont il s'agit a complétement innové quant à la forme du livret, mais il n'a pas cependant abrogé en son entier l'arrêté du 9 frimaire an XII. Il faut que cet arrêté conserve encore une certaine autorité, puisqu'il est visé dans le préambule du décret nouveau. Nous verrons par la suite quelles sont celles de ses dispositions qui ont échappé à l'abrogation virtuellement contenue dans l'art. 14 du décret du 30 avril 1855.

11. Le livret est en papier blanc, coté et paraphé par les fonctionnaires désignés en l'art. 2, loi 22 juin 1854, c'est-à-dire, par le Préfet de police à Paris et dans le ressort de sa préfecture ; par le Préfet du Rhône à Lyon et dans les autres communes formant l'agglomération lyonnaise en vertu de la loi du 19 juin 1851 ; par le Préfet de chaque département dans les chefs-lieux dont la population excède quarante mille âmes ; et enfin par les Maires dans le restant de la France. (Art. 1er, décret 30 avril 1855).

Il est revêtu du sceau du fonctionnaire qui le délivre. (Art. 1er. — ibid).

Sur les premiers feuillets devront être imprimés textuellement la loi du 22 juin 1854, le décret du 30 avril 1855, la loi du 14 mai 1851, et les art. 153 et 463, C. pénal. (Art. 1er. — Ibid).

Enfin il est imprimé d'après le modèle annexé au décret. (Art. 1er. — Ibid. — disposition finale).

12. Voilà ce que doit être le livret sous le rapport matériel. Quant aux énonciations qu'il est destiné à contenir, il indiquera :

1° Le nom et les prénoms de l'ouvrier, son âge, le lieu de sa naissance, son signalement, sa profession ;

2° Si l'ouvrier travaille habituellement pour plusieurs patrons, ou s'il est attaché à un seul établissement ;

3° Dans ce dernier cas, le nom et la demeure du chef de l'établissement chez lequel il travaille ou a travaillé en dernier lieu ;

4° Les pièces, s'il en est produit, sur lesquelles le livret est délivré. (Art. 1er décret 30 avril 1855).

13. Le décret exige que dans chaque commune il soit tenu un registre sur lequel seront relatés, au moment de leur délivrance, les livrets et les visas de voyage donnés aux ouvriers. Ce registre portera la signature des impétrants ou la mention qu'ils ne savent signer. (Art. 2). On comprend la portée de cette prescription. Le législateur a voulu qu'il restât trace du livret ou du visa de voyage dans le lieu où il a été délivré, afin qu'on pût y recourir au besoin.

14. Le premier livret d'un ouvrier lui est délivré sur la constatation de son identité et de sa position. (Art. 3, § 1er décret 30 avril 1855). Mais notre article ne dit pas sur quelles pièces l'ouvrier sera admis à demander et à obtenir un livret. Il faut donc sur ce point consulter l'arrêté du 9 frimaire an XII, qui continue à être en vigueur en tout ce qui n'est pas contraire au décret du 3 avril 1855. (Art. 14 dudit décret).

Aux termes de l'arrêté, le premier livret d'un ouvrier lui sera expédié : 1° sur la représentation de son acquit d'apprentissage ; 2° ou sur la demande de la personne chez laquelle il aura travaillé ; 3° ou enfin sur l'affirmation de deux citoyens patentés de sa profession et domiciliés, portant que le pétitionnaire est libre de tout engagement, soit pour raison d'apprentissage, soit pour raison d'obligation de travailler comme ouvrier. (Art. 11, arrêté 9 frimaire an XII).

15. Lorsque l'ouvrier ne représente pas son acquit d'apprentissage, et qu'il sollicite la délivrance d'un livret, ou sur la demande de son patron, ou sur l'affirmation de deux citoyens patentés, bien que la demande ou l'affirmation puissent être faites verbalement, il sera néanmoins plus régulier qu'il la fasse constater par écrit. Mais dans ce cas ces pièces devront lui être délivrées sur papier libre, car l'obtention du livret ne doit donner lieu à d'autres frais qu'à ceux qui sont nécessaires à sa confection.

16. Les divers moyens que nous venons d'indiquer devront être employés dans toute la France, excepté à Paris où, d'après une ordonnance du Préfet de police, l'ouvrier devra être muni d'un certificat du commissaire de police de sa section. (Art. 4, ordonnance 15 octobre 1855. Moniteur du 6 novembre 1855, n° 310). Ainsi, pour Paris, c'est au commissaire de police de sa section que l'ouvrier présentera d'abord, à l'appni de sa demande en délivrance d'un livret, l'une des pièces énumérées en l'art. 11 de l'arrêté du 9 frimaire an XII. (Art. 5 de ladite ordonnance). Les motifs de cette addition au décret du 30 avril 1855, addition parfaitement légale, sont détaillés dans une circulaire, à la date du 15 octobre 1855, adressée par le Préfet de police aux commissaires de police et aux Maires des communes rurales du département de la Seine. Elle a pour objet de prévenir les fraudes auxquelles donnait lieu la trop grande facilité avec laquelle les livrets étaient délivrés à Paris. (V. Moniteur. — Ibid).

Il n'y a pas cependant nécessité absolue pour l'ouvrier de fournir l'une des pièces dont parle l'art. 11 de l'arrêté du 9 frimaire an XII. La production de tout autre document analogue suffirait, aux termes de la circulaire ci-dessus citée du Préfet de police. Il en doit être d'autant mieux ainsi que, faute de pièces de nature à constater son identité et sa position, le décret s'en rapporte à l'affirmation de l'ouvrier (art. 3, 2° §, décret 30 avril 1855).

17. Mais dans ce cas la déclaration de l'ouvrier est souscrite ou faite par lui sous la sanction de l'art. 13 de la loi du 22 juin 1854, c'est-à-dire, que s'il se donne un faux nom, ou s'il fait de fausses déclarations, il pourra être puni d'un emprisonnement de trois mois à un an. Cette menace doit rendre les ouvriers extrêmement circonspects lorsqu'il s'agit d'obtenir un livret sur leur seule déclaration. Prévenons-les en passant que l'emploi de faux certificats les soumettrait à la même peine (art. 13 *Ibid*). Ils ne seraient pas reçus à prétexter de leur ignorance, car l'art. 3 du décret exige qu'il leur soit donné lecture de l'art. 13 de la loi du 22 juin 1854, quand le livret leur est délivré sur leur simple affirmation.

18. Lorsque le livret est rempli ou hors d'état de servir, on le remplace par un nouveau qui contiendra les indications suivantes :

1° La date et le lieu de la délivrance de l'ancien livret ;

2° Le nom et la demeure du chef d'établissement chez lequel l'ouvrier travaille ou a travaillé en dernier lieu ;

3° Le montant des avances dont l'ouvrier reste débiteur.

En outre, le remplacement est mentionné sur le livret hors d'usage qui est laissé entre les mains de l'ouvrier (art. 4 du décret 30 avril 1855).

Il est bon de noter que cet article est, à peu de chose près, la reproduction de l'art. 12 de l'arrêté du 9 frimaire an XII, qui avait aussi pour objet le remplacement du livret hors d'état de servir.

19. Si l'ouvrier perd son livret, il peut en obtenir un nouveau sous la garantie mentionnée en l'art. 3 du décret, c'est-à-dire, en constatant son identité et sa position, ou bien sur sa simple demande, mais sous la sanction de l'art. 13 de la

loi du 22 juin 1854 ; il ne doit pas perdre de vue
que cet article est toujours prêt à punir toute
fausse déclaration (art. 5, décret 30 avril 1855).
Le nouveau livret reproduira les mentions indiquées en l'art. 4 *(Ibid)*.

20. Notons encore que la disposition de l'art. 5
du décret, renverse complétement celle de l'art.
13 de l'arrêté du 9 frimaire an **XII**, qui avait un
objet analogue, mais dont la rigueur était excessive. La perte du livret privait l'ouvrier de sa
liberté ; et, bien qu'il eût un passeport, il ne lui
était permis de quitter sa résidence qu'autant
qu'il obtenait un nouveau livret, lequel ne lui
était délivré que sur la preuve qu'il était libre de
tout engagement. Aujourd'hui la liberté de l'ouvrier est entière, mais il court de plus grands
risques s'il obtient un nouveau livret par des
moyens frauduleux.

21. Les congés, ainsi que les autres mentions
que peut contenir le livret, seront inscrits sans
lacune, à la suite les uns des autres (art. 4, arrêté
9 frimaire an XII). Il est inutile de dire que la
lacune tendrait, à bon droit, à faire suspecter la
sincérité des diverses mentions portées sur le
livret. Il en serait de même des ratures, surchar-
ges et interlignes.

22. Le livret sera représenté, par l'ouvrier, à
toute réquisition de l'autorité. (Art. 6. Décret 30
avril 1855). La sanction de cette disposition se

trouve dans l'art. 11 de la loi du 22 juin 1854, qui punit de peine de simple police l'ouvrier qui n'est pas muni d'un livret. Il est évident que l'ouvrier qui refuse de représenter son livret, quand il en est légalement requis, doit être traité comme s'il n'en avait pas. Si l'on refusait de voir là une contravention à l'art. 11, on y trouverait toujours celle prévue par l'art. 471, n° 15 du Code pénal, d'après lequel l'infraction aux règlements émanés de l'autorité est punie d'une amende de un à cinq francs.

23. Le décret du 30 avril 1855 n'a pas fixé le délai après lequel l'ouvrier qui n'aurait pas pris de livret pourrait être poursuivi. Mais cela ne fait pas lacune, car la loi de 1854 est exécutoire à partir du 1er janvier 1855 (art. 16), et, jusqu'à cette époque, la contravention aux lois sur les livrets ont été soumises aux peines édictées par l'ancienne législation. Aujourd'hui que la transition est accomplie, l'obligation du livret, en vertu de la loi du 22 juin 1854, a pris naissance dès le 1er janvier 1855. Cependant l'ancien état de choses a dû subsister quelque temps après, ne fût-ce que pour attendre le règlement que cette loi avait promis. Une autre cause de retard provient des mesures prescrites par le décret réglementaire, mesures dont l'exécution demandait un certain temps. Aussi le Préfet de police a-t-il, par l'art. 4 de son ordonnance, donné aux ouvriers, habitant Paris et soumis à l'obligation du livret, un délai de deux mois pour s'en pourvoir ; ce qui implique la conséquence que, pendant ce délai, qui court du jour de la publication de l'ordonnance, on ne devra pas exercer de poursuite envers l'ouvrier non muni d'un livret. Cette conséquence nécessaire s'écarte peut-être un peu de la légalité, car nul ne peut suspendre l'effet de la loi ; mais il faut réfléchir que le régime du livret, tel qu'il existe maintenant, est à peu près nouveau ; qu'on veut y accoutumer insensiblement notre population ouvrière ; et on ne sera pas surpris des sages ménagements qu'on garde envers elle.

Ainsi, à Paris, l'exécution de la loi du 22 juin 1854 se trouve retardée. Mais elle doit fonctionner dans les départements depuis le 1er janvier 1855, sauf pour les localités où il aurait été pris des mesures pareilles à celles édictées par le Préfet de police.

24. Il ne sera pas inutile de rappeler ici quelques-unes des dispositions de l'ordonnance du Préfet de police (1), car bien qu'elles n'aient force que dans le département de la Seine, elles pourront servir de règle aux administrateurs qui prendront à l'avenir des mesures analogues, faculté que leur donne l'art. 13 du décret réglementaire.

Le Préfet de police admet que les livrets anciens régulièrement tenus pourront servir aux usages déterminés par la loi du 22 juin 1854, et qu'ils au-

(1) Dalloz, Jurisprudence Gén. 1855-3. 86.

ront la même valeur que les livrets nouveaux (art. 3 de l'ordonnance), mais il faut qu'ils soient réguliers, autrement ils ne sont bons à rien. Le Préfet entend, sans aucun doute, qu'ils seront tenus conformément aux lois anciennes, c'est-à-dire, à l'arrêté du 9 frimaire an XII.

Nous avons déjà dit que les justifications exigées par l'arrêté du 9 frimaire an XII, art. 11, se feront pardevant le commissaire de police de la section dans laquelle demeure l'ouvrier, et que ce fonctionnaire en délivrera un certificat que l'ouvrier présentera lui-même à la Préfecture de police (art. 4. *Ibid*).

Ce certificat sera délivré sur les justifications que nous avons indiquées plus haut, et encore sur la simple affirmation de l'ouvrier, dûment informé de la sanction pénale attachée à sa déclaration. De plus, l'ouvrier souscrira sa déclaration dans le cas où elle est requise, et s'il sait signer (art. 5. *Ibid*).

Mais ce ne sera que dans des circonstances rares qu'il y aura nécessité de s'en tenir à la simple déclaration de l'impétrant. Dans les cas ordinaires, on demandera à l'ouvrier la justification de son identité et de sa position, par la production d'acquits d'apprentissage, de certificats de travail délivrés, soit par l'ancien maître, soit par celui qui veut occuper le postulant, ou par la production de tous autres documents analogues (circulaire du Préfet de police. — *Moniteur* du 6 novembre 1853, —

nº 310). Ainsi la production de documents écrits est la règle, la déclaration de l'ouvrier, l'exception.

L'ouvrier porteur d'un livret régulier, délivré hors de la circonscription administrative du Préfet de police, sera tenu, avant d'en faire usage dans le département de la Seine, de le soumettre au visa de la Préfecture de police, où il sera vérifié et inscrit ; et il est interdit à tout chef d'établissement de recevoir l'ouvrier porteur de ce livret avant l'accomplissement de ces formalités (art. 6. *Ibid*). La sanction de cette disposition, tant pour l'ouvrier que pour le maître, existe dans l'art. 13 de l'ordonnance qui rappelle entre autres l'art. 471 du Code pénal. Indépendamment du droit incontestable qu'avait le Préfet de police de contraindre à l'exécution de son ordonnance au moyen des peines portées par cet article, on verra par la suite que, dans la discussion qui eut lieu au Corps législatif au sujet de la loi du 22 juin 1854, il fut convenu que toutes les contraventions commises envers le règlement administratif à intervenir seraient, sauf celles prévues par ladite loi, réprimées par l'art. 471, — nº 15 du Code pénal.

La même observation s'applique à l'art. 7 de l'ordonnance prescrivant que le chef d'établissement, après avoir inscrit sur le livret, soit la date de l'entrée de l'ouvrier, soit le jour où il lui aura confié de l'ouvrage pour la première fois, soumettre cette inscription dans le délai de 24 heures, au commissaire de police , lequel vérifiera la régularité du livret, et transmettra un extrait de son visa à la Préfecture de police.

Enfin, lorsque l'ouvrier attaché à un seul établissement quittera son patron, il sera tenu, dans les vingt-quatre heures, de faire viser sa sortie par le Commissaire de police de la résidence du patron, lequel, après avoir constaté l'authenticité du dernier congé, adressera encore un extrait de son visa à la préfecture de police. Nul chef d'établissement ne pourra recevoir l'ouvrier avant l'accomplissement de cette formalité. (Art. 8. Ibid). La contravention à cet article pourra donner lieu à l'application des peines de simple police portées par l'art. 471 du Code pénal.

En outre , le visa dont il est question dans l'art. 8, ne pourra jamais tenir lieu du visa de départ ou de voyage mentionné en l'art. 11 du décret du 30 avril 1855. (Ibid).

Telles sont les dispositions principales de l'ordonnance du préfet de police qu'il importe aux ouvriers et aux chefs d'établissements de Paris de connaître. Quant à ceux-ci, il leur est accordé un mois, à dater de la publication de l'ordonnance, pour se munir du registre spécial mentionné aux art. 4 de la loi du 22 juin 1854 et 8 du décret du 30 avril 1855. Ce registre sera tenu d'une manière lisible, sans blanc ni interligne. (Art. 10. Ibid).

La loi a voulu que le livret restât entre les mains

de l'ouvrier. Conformément à cette exigence, l'art. 9 de l'ordonnance défend aux logeurs, restaurateurs ou autres de recevoir ni retenir en nantissement le livret. L'infraction à cette défense attirerait infailliblement sur le logeur l'application des peines de l'art. 471 du Code pénal. Cette disposition est excellente, et il serait à désirer qu'elle se généralisât, car elle ferait disparaître l'un des abus les plus dangereux que l'ouvrier puisse faire du livret. Beaucoup d'entre eux, en effet, après avoir contracté des dettes, quittent furtivement leur logement en laissant leur livret en gage, et, dépourvus de papiers, ils tombent entre les mains de la police qui les traite en vagabonds. Bien heureux s'ils en sont quittes pour une détention préventive plus ou moins prolongée.

25. L'obligation de se pourvoir d'un livret imposée à l'ouvrier par les art. 12 de la loi du 22 germinal an XI, 1er de l'arrêté du 9 frimaire an XII, et 1er de la loi du 22 juin 1854, n'est point une lettre morte. Elle a une sanction efficace dans l'art. 11 de cette dernière loi. L'arrêté du 9 frimaire an XII était beaucoup plus sévère. Il portait, dans son art. 3, que l'ouvrier qui voyageait sans être muni d'un livret, serait réputé vagabond, et pourrait être arrêté et puni comme tel. Mais cette peine, n'ayant été confirmée par aucune loi, était illégale et n'a jamais été appliquée. (Dalloz. Rep., v° Industrie, n° 145).

Malgré cela, on ne saurait trop recommander aux ouvriers de se pourvoir d'un livret ; car, à défaut de la peine édictée par l'arrêté du 9 frimaire an XII, ils encourraient celle portée par la loi du 22 juin 1854, c'est-à-dire, une amende de un à quinze francs, et, selon les circonstances, un emprisonnement de un à cinq jours.

26. Parmi les mentions que le livret est destiné à contenir et dont nous parlerons bientôt, il en est une qui concerne personnellement l'ouvrier et à l'inscription de laquelle il doit veiller. L'art. 7 du décret du 30 avril 1855 veut, qu'à sa sortie, quand il travaille pour un seul établissement, il fasse inscrire sur son livret l'acquit de ses engagements ; faute de quoi, il ne pourra obtenir du travail dans un autre atelier. Ainsi, l'ouvrier fera certifier, par son patron, qu'il a terminé le travail qu'il s'était engagé à faire ; mais il ne sera pas obligé de faire constater qu'il sort affranchi de toute dette envers son patron ; car ce n'est pas ce que le décret a entendu dire. L'économie toute entière de la loi du 22 juin 1854 prouve, au contraire, que l'ouvrier, débiteur de son patron, peut le quitter quand il le juge convenable. Il ne reste à celui-ci d'autre ressource que d'inscrire sa créance sur le livret de l'ouvrier, et de s'en rembourser au moyen d'une retenue sur son salaire. Le mot engagement dont se sert le décret ne peut s'appliquer qu'à l'obligation contractée par l'ouvrier de faire un certain travail, ou de travailler pendant un temps déterminé dans les ateliers de son patron.

Mais l'art. 7 du décret ajoute, et la raison dit tout haut que, pour obtenir du travail, l'ouvrier n'est pas tenu de justifier de sa libération quand il travaille habituellement pour plusieurs patrons.

27. Il ne faudrait pas que les ouvriers prissent la disposition de l'art. 7 du décret comme purement comminatoire, et qu'ils s'imaginassent n'encourir d'autre peine qu'une privation momentanée de travail : ils seraient dans l'erreur. Ainsi, je suppose qu'un ouvrier quitte l'atelier avant le temps requis, et qu'il emporte son livret non-revêtu d'un certificat d'acquit. **Par ce fait, il encourra la peine** portée par l'art. 11 de la loi du 22 juin 1854, car l'obligation où il est d'emporter à sa sortie le congé d'acquit repose sur l'art. 4 de la même loi. Dans le cas de cet article, ce n'est pas seulement le maître qui est frappé, l'ouvrier prend encore sa part de responsabilité. D'ailleurs à défaut de l'art. 11 de cette loi, resterait toujours l'art. 471, n° 15 du code pénal.

28. On ne doit point confondre le livret dont nous parlons, c'est-à-dire, celui dont s'occupent les lois des 22 germinal an XI, 14 mai 1851 et 22 juin 1854, avec les livrets dont la tenue est prescrite par d'autres lois et règlements administratifs.

Ainsi le décret du 20 juillet 1853, rendu en exécution de la loi du 7 mars 1850 sur le tissage et le bobinage, oblige l'ouvrier qui reçoit une pièce de velours de coton pour être coupée, à avoir un livret spécial sur lequel le fabricant, commissionnaire ou intermédiaire, est tenu d'inscrire, au moment de la livraison : 1° les longueur, largeur et poids de la pièce à couper ; 2° le prix de façon au mètre de longueur (art. 1er). Il en est de même, pour l'ouvrier auquel on livre une pièce d'étoffe, pour être teinte, blanchie ou apprêtée ; il est tenu d'avoir un livret spécial sur lequel le fabricant inscrit, au moment de la livraison : 1° les longueur, largeur et poids de la pièce à teindre, blanchir ou appprêter ; 2° le prix de façon, soit au mètre de longueur de la pièce, soit au kilogramme de son poids. (Art. 2).

En conséquence, la Cour de cassation, se basant, non sur le décret qui n'était pas encore rendu, mais sur la loi du 7 mars 1850, a décidé, par arrêt du 27 août 1852, chambre criminelle, que le livret spécial créé par cette loi n'a qu'un seul objet, celui de protéger les intérêts du tisserand ou du bobineur et ceux du maître pour lequel il travaille ; qu'il diffère essentiellement et qu'il est indépendant du livret général exigé pour la police des ouvriers et des manufactures, par la loi du 22 germinal an XI et par l'arrêté du 9 frimaire an XII, modifié par la loi du 14 mai 1851. (Dalloz 1852-1-303).

Remarquons que de cet arrêt découle un double enseignement. Le premier, que l'obligation du livret existe indépendamment de toute obligation de même nature créée par des lois particulières ; le second, que le livret général dont les ouvriers sont tenus d'être munis, est le résultat d'une mesure de police, qui s'étend à toute la France, et que rien ne peut suppléer.

29. Il faut encore distinguer ce livret du livre d'acquit prescrit par l'art. 20 de la loi du 18 mars 1806, comme moyen de constater les règlements de compte qui ont lieu entre l'ouvrier et le fabricant par lequel il est employé. Cette proposition résulte d'une circulaire du ministre du commerce en date du 18 mai 1855. (Dalloz 1855-3-54).

30. En matière de livret, l'obligation du maître est parallèle à celle de l'ouvrier. Il devait en être ainsi, car la loi n'eût pas été efficace si elle n'avait obligé les maîtres à veiller à son exécution. Elle a atteint ce résultat en leur défendant d'employer des ouvriers non pourvus de livret (art. 3, loi du 22 juin 1854), et en attachant une sanction pénale à cette défense. C'est l'objet de son art. 11 qui punit d'une amende de un à quinze francs, et même d'un emprisonnement de un à cinq jours l'infraction aux dispositions des art. 1, 3, 4, 5 et 8.

31. La manière dont le livret est tenu n'est pas indifférente pour le patron. L'art. 3 veut qu'il soit régulier ; sinon il doit refuser d'admettre l'ouvrier dans son établissement. L'art. 11 lui en fait un devoir, puisqu'au nombre des contraventions qu'il prévoit, se trouvent celles qui sont faites à l'art 3. Il est surtout un point important que le patron est tenu de vérifier avant d'admettre un ouvrier dans ses ateliers, à savoir si le Livret est revêtu du congé d'acquit constatant que l'ouvrier a satisfait aux engagements par lui contractés envers son précédent patron. (Art. 7, décret 30 avril 1855).

32. Cette précaution est d'autant plus nécessaire, qu'indépendamment de la pénalité édictée par la loi du 22 juin 1854, il pourrait encore y avoir lieu à l'application des art. 11 et 12 de la loi du 22 germinal an XI ; car le maître qui recevrait un ouvrier non porteur d'un livret contenant le certificat d'acquit de ses engagements, pourrait être condamné à des dommages-intérêts envers le maître qui l'a précédemment employé. La Cour de cassation l'a ainsi jugé par deux arrêts des 19 juin 1828 et 2 août 1848. (Dalloz, rép., v° industrie, n° 138). Mais dans ce cas le litige serait de la compétence des Tribunaux de commerce. (Rouen, arrêt, 13 décembre 1837 ; Dalloz, Ibid, n° 151).

33. L'art. 4 de la loi du 22 juin 1854, indique les mentions que doit contenir le livret. Si l'ouvrier est attaché à l'établissement, le chef ou directeur est tenu, au moment où il le reçoit, d'inscrire sur son livret la date de son entrée. Il doit également indiquer si l'ouvrier travaille pour un seul établissement, ou pour plusieurs patrons. Dans ce dernier cas, il n'est obligé de faire cette inscription que lorsqu'il l'emploie pour la première fois (art 9, décret 30 avril 1855).

A la sortie de l'ouvrier, il inscrit sur le livret la date de la sortie et l'acquit des engagements. Cette dernière mention est aussi prescrite par l'art. 10 du décret. Il y ajoute, s'il y a lieu, le montant des avances dont l'ouvrier reste débiteur envers lui, dans les limites fixées par la loi du 14 mai 1851, c'est-à-dire, jusqu'à concurrence de trente francs.

34. Le patron doit en outre tenir un registre non timbré destiné, ainsi que l'affirme le rapporteur de la Commission du Corps Législatif, à suppléer à la perte du livret, et permettant au maître de produire, à tout moment, à la justice et à l'administration, l'état des ouvriers qu'il occupe (art. 4).

Ce registre sera dressé d'après le modèle annexé au décret du 30 avril 1855. Il sera coté et paraphé, sans frais, par les fonctionnaires chargés de la délivrance des livrets, et communiqué, sur leur demande, au Maire ou au Commissaire de police (art. 8 du décret).

A Paris il est coté et paraphé par le Commissaire de police de la section, qui adressera à la Préfecture de police un bulletin portant extrait de son procès verbal. Cette dernière disposition implique la conséquence que le Commissaire de police constatera par un acte exprès, dont il gardera minute, la présentation du registre, ainsi que la cote et le paraphe posés sur ses divers feuillets. L'ordonnance exige de plus, que ce registre soit tenu d'une manière lisible, sans blanc ni interligne (art. 10, ordonnance 18 octobre 1855. V. Moniteur 6 novembre 1855, n° 310).

Sur ce registre le patron transcrira les nom et prénoms de l'ouvrier, le nom et le domicile du chef de l'établissement qui l'aura employé précédemment, et le montant des avances dont l'ouvrier serait resté débiteur envers celui-ci (art. 4 de la loi du 22 juin 1854).

35. Les mentions qui précèdent, ne sont faites que pour le cas où l'ouvrier est attaché à l'établissement. Elles diffèrent quand il travaille habituellement pour plusieurs patrons. Le maître transcrit alors sur le registre les nom et prénoms de l'ouvrier et son domicile (art. 5 de la loi du 22 juin 1854) ; il y indique de plus qu'il travaille pour plusieurs patrons, mais il n'est tenu de remplir cette formalité que lorsqu'il l'emploie pour la première fois (art. 9, décret 30 avril 1855).

36. Le premier paragraphe de l'art. 9 du décret veut que le patron mentionne, tant sur son registre que sur le livret, la circonstance que l'ouvrier travaille pour un seul établissement ou pour plusieurs patrons. Je comprends la nécessité de cette mention sur le registre, mais je n'en vois pas l'utilité sur le livret. En effet, la seule inspection du livret fera connaître si l'ouvrier est attaché à un seul établissement, ou travaille habituellement pour plusieurs patrons, car les inscriptions qu'il est destiné à contenir. varieront suivant la position dans laquelle il se trouve. Ainsi, par exemple, si l'ouvrier est attaché à un seul établissement, le livret doit contenir la date de son entrée ; s'il travaille pour plusieurs patrons, il suffit d'y mentionner le jour où on lui confie de l'ouvrage (art. 4 et 5 de la loi du 22 juin 1854), de telle sorte qu'il est impossible de se tromper. Cependant quelque étrange qu'il puisse paraître d'obliger le patron à noter sur le livret l'existence d'un fait notoire, ressortant du livret lui-même, c'est-à-dire, que l'ouvrier travaille habituellement pour plusieurs patrons ; malgré cela, dis-je, j'engage les chefs d'établissement à se conformer entièrement aux prescriptions de l'art. 9 du décret.

Il est bien entendu que le manque de registre, ou le défaut des mentions exigées par la loi, soumettraient le patron aux peines portées par l'art. 11 de la loi du 22 juin 1854.

37. Voilà pour le registre. Quant au livret, ce que nous avons dit ci-dessus ne s'applique qu'aux cas où l'ouvrier est attaché à un seul établissement. Quand il travaille habituellement pour plusieurs patrons, il suffit d'y inscrire le jour où on lui donne de l'ouvrage ; et lorsque le patron cesse d'employer l'ouvrier, d'y mettre, l'acquit des engagements, sans aucune autre énonciation. (Art. 5, loi 22 juin 1854). Cela signifie qu'il est interdit aux patrons d'inscrire leurs avances sur le livret de l'ouvrier, ainsi qu'il leur est permis dans le cas de l'art. 4. La raison de cette défense ne se trouve ni dans le rapport, ni dans la discussion au Corps Législatif, mais je ne crois pas me tromper en disant que l'inscription des avances sur le livret eût été sans résultat. L'ouvrier qui travaille pour plusieurs maîtres n'offre, en général, d'autre garantie que celle de sa bonne foi. En outre, sous le rapport matériel, l'inscription des avances sur le livret aurait rencontré des obstacles.

38. Si le chef ou le directeur de l'établissement ou le patron ne peut remplir l'obligation que lui impose le troisième paragraphe de l'art. 4 et le deuxième paragraphe de l'art. 5, c'est-à-dire, inscrire sur le livret, à la sortie de l'ouvrier, la date de la sortie et l'acquit des engagements, cette inscription sera faite, sans frais, par le Maire ou le commissaire de police, après avoir constaté la cause de l'empêchement. (Art. 7, loi 22 juin 1854). Si quelque contestation s'élevait, par exemple, si l'ouvrier refusait de laisser inscrire les avances sur le livret, elle serait portée devant le Conseil des prud'hommes ou devant le juge de paix, seuls compétents pour statuer sur les différents entre maîtres et ouvriers. (Art. 7 , loi 14 mai 1851).

39. Le livret ne doit recevoir d'autres énonciations que celles exigées ou permises par les art. 4 et 5 de la loi du 22 juin 1854 , que ces énonciations soient favorables ou non. (Art. 8. Ibid). L'infraction à la disposition de cet article est punie des peines portées en l'art. 11 de la même loi. Bien avant la loi de 1854 , les annotations défavorables à l'ouvrier étaient repoussées par les Tribunaux. (Dalloz , v° industrie, n° 133). Quant aux certificats de bonne conduite , rien n'empêche le maître de les délivrer sur feuilles volantes.

40. L'art. 6 de la loi du 22 juin 1854 abroge implicitement l'art. 5 de l'arrêté du 9 frimaire an XII, ainsi que l'art. 3 de la loi du 14 mai 1851 , d'après lesquels le maître pouvait exiger la remise du livret entre ses mains. Aujourd'hui ce livret, dès qu'il a reçu les annotations indiquées dans les art. 4 et 5 , doit être rendu à l'ouvrier.

Cet article fut attaqué par deux membres du Corps Législatif, ils disaient que le but de la loi était de donner des garanties réciproques au patron et à l'ouvrier , et ils prétendaient que l'art. 6 méconnaissait cette intention. Ils faisaient remarquer que l'ouvrier , nanti de son livret , pourrait quitter son patron au moindre mécontentement; que cette faculté tendait à relâcher les liens qui existaient entre le maître et l'ouvrier ; que les garanties réciproques seraient affaiblies ; et que l'égalité qu'on avait voulu établir cesserait d'exister.

On ne s'arrêta pas à ces objections, et l'article fut maintenu par le motif que, l'ouvrier n'étant admis à travailler qu'autant que son livret est revêtu d'un congé d'acquit, il ne pourrait faire remplir cette formalité quand il quitterait furtivement son atelier : qu'en cet état, le livret ne pourrait lui servir de passeport, puisque pour servir à cet objet, il devait être visé par un agent de l'autorité, et que cet agent refuserait son visa si le livret ne portait pas de congé d'acquit.

41. Le livret, visé gratuitement, tient lieu de passeport à l'intérieur, sous les conditions déterminées par les règlements administratifs. (Art. 9 loi 22 juin 1854.)

Cet article est fort clair et semble n'avoir pas besoin de commentaire. Malheureusement la discussion qui eut lieu au corps législatif est venue l'obscurcir. Voici ce qui fut dit à ce sujet.

Un membre critiqua l'art. 9. Il voulait que, sur la simple exhibition d'un livret régulier, l'ouvrier qui désirait voyager pût obtenir un passeport gratuit ; et il pensait que l'obligation du passeport devait subsister avec celle du livret. Il proposa, en conséquence, un amendement dans ce sens.

A cela le commissaire du gouvernement, se méprenant sur l'intention de l'auteur de l'amendement, répondit que c'était une erreur de croire que le livret servirait de passeport à l'ouvrier. Que, d'après l'art. 9, ce livret, revêtu d'un visa régulier, tiendrait lieu à l'ouvrier d'un passeport à l'intérieur, sous les conditions déterminées par les règlements administratifs ; en d'autres termes, que l'ouvrier pourrait, d'après cet article, se procurer un passeport sans faire la dépense ordinaire. Ces explications satisfirent l'assemblée et l'article fut adopté.

Il est fâcheux, si telle a été l'intention du Corps législatif, qu'il n'ait pas adopté l'amendement qui lui était présenté, car, de quelque manière qu'on le commente, l'art. 9 n'a pas le sens qui lui est donné par le Commissaire du gouvernement, et il faut plus que de la bonne volonté pour l'y trouver,

Mais, aujourd'hui, toute incertitude doit cesser en présence du décret du 30 avril 1855. L'art. 11 de ce décret démontre que l'art. 9 de la loi du 22 juin 1854 doit être pris dans son sens littéral. Il est constant que le livret tient lieu de passeport à l'intérieur, c'est-à-dire, qu'il dispense l'ouvrier de la représentation de cette pièce. Il en résulte encore qu'il ne peut servir à procurer à l'ouvrier un passeport gratuit. Le Commissaire du gouvernement s'était trompé sur l'intention du législateur.

12. Le visa gratuit, qui transforme le livret en

passeport, est spécial ; il indique toujours une destination fixe, et ne vaut que pour cette destination. (Art. 11 du décret). Il est donné par le Maire de la commune où travaille l'ouvrier : à Paris, par le Préfet de police; à Lyon et dans les chefs-lieux dont la population excède quarante mille âmes, par le Préfet. (Art. 9. Loi 22 juin 1854). Il est porté ensuite sur le registre tenu en exécution de l'art. 2 du décret.

43. Le livret présenté au visa doit être régulier : cela va sans dire. Le décret s'explique là-dessus suffisamment en disant que le visa ne sera accordé que sur la mention de l'acquit des engagements prescrits par les art. 4 et 5 de la loi du 22 juin 1854 (Art. 11, 2ᵉ § du décret). Cet article ajoute que le visa est accordé sous les conditions déterminées par les règlements administratifs. Jusqu'à présent nous ne connaissons pas de règlement sur ce sujet. L'ordonnance du Préfet de police, ainsi que la circulaire de ce fonctionnaire, à la date du 15 octobre 1855, ne prescrivent rien sur cette matière, preuve que le décret du 30 avril 1855 se suffit à lui-même.

44. Enfin, le livret ne pourra être visé pour servir de passeport à l'intérieur, si l'ouvrier a interrompu l'exercice de sa profession, ou s'il s'est écoulé plus d'une année depuis le certificat de sortie inscrit à son livret. (Art. 12 du décret).

45. Constatons ici que le décret du 30 avril 1855 ne fait pas obstacle à ce que l'autorité administrative réglemente la matière du livret, chacune dans les limites de sa compétence, et en se conformant aux principes généraux contenus dans la loi du 22 juin 1854. Les art. 11 et 13 du décret l'y autorisent expressément, et nous avons vu que le Préfet de police de Paris a usé du droit que lui conféraient ces articles, qui ne sont eux-mêmes que la mise en pratique des art. 9 et 10 de la loi organique.

46. La promesse faite par l'art. 10 de la loi du 22 juin 1854 a été remplie par le décret du 30 avril 1855. Nous en avons suffisamment parlé. Notons seulement que les contraventions à ce règlement, ainsi qu'aux règlements à intervenir, autres, toutefois, que celles prévues par la loi du 22 juin 1854, ne seront passibles que des peines portées par l'art. 471 du Code pénal. Telle a été l'intention du législateur, manifestée par le Commissaire du gouvernement dans la discussion de la loi de 1854.

47. Les contraventions aux art. 1, 3, 4, 5 et 8 de la loi du 22 juin 1854 sont punies de peines de simple police consistant en une amende de un à quinze francs, et, suivant les circonstances, en un emprisonnement de un à cinq jours. (Art. 11. Loi 22 juin 1854).

48. Mais la fabrication d'un faux livret, ou la falsification d'un livret originairement véritable, ou l'usage fait sciemment d'un livret faux ou falsifié, sont passibles des peines édictées par l'art. 153 du Code pénal, c'est-à-dire, d'un emprisonnement d'un an au moins et de cinq ans au plus. (Art. 12.)

49. L'ouvrier coupable de s'être fait délivrer un livret soit sous un faux nom, soit au moyen de fausses déclarations ou de faux certificats, ou d'avoir fait usage d'un livret qui ne lui appartient pas, sera puni d'un emprisonnement de trois mois à un an. (Art. 13.)

50. Dans les cas prévus par les art. 12 et 13, on pourra déclarer l'existence de circonstances atténuantes et appliquer l'art. 463 du Code pénal. (Art. 14.) Il est de principe que cette faculté n'existe pas pour les contraventions. D'ailleurs, le juge peut toujours exonérer de l'emprisonnement et faire descendre l'amende au minimum de l'amende de simple police.

51. Prévenons les ouvriers qu'indépendamment des peines portées par les art. 12 et 13 de la loi du 22 juin 1854, ils pourraient être condamnés à des dommages-intérêts envers leurs patrons, si le fait mis à leur charge leur avait occasionné un préjudice. Il faut dire la même chose pour toute autre personne qui aurait souffert par le fait de l'ouvrier. Cela résulte à suffire des art. 1382 et 1383 du Code Napoléon.

52. L'art. 15 ajoute une sanction à celle de l'art. 11. L'ouvrier soumis à l'obligation du livret et qui n'en est pas pourvu, ne sera pas inscrit sur les listes électorales pour la formation des conseils de Prud'hommes. Il perd le droit d'élire ses juges en punition de sa négligence.

53. Enfin, l'art. 16 déclare la loi exécutoire à partir du 1er janvier 1855. Il maintient l'art. 12 du décret du 26 mars 1852 portant que, les diplômes délivrés aux sociétaires participants des sociétés de secours mutuels leur serviront de passeport à l'intérieur et de livret, sous les conditions déterminées par un arrêté ministériel.

54. Ajoutons que l'arrêté dont parle l'art. 12 du décret du 26 mars 1852 a été rendu par le Ministre de l'intérieur à la date du 5 janvier 1853. Depuis lors est intervenue une circulaire de Son Excellence explicative de cet arrêté. Elle est du 18 mai 1855. (Dalloz. 1855—3-54. *Bulletin officiel du Ministre de l'intérieur de* 1855, pag. 25 et suivantes.)

55. Nous venons de parcourir les diverses dispositions de la loi du 22 juin 1854, ainsi que celles du décret réglementaire qu'elle avait annoncé. Nous avons rapproché la loi de l'acte du pouvoir exécutif qui la complète. Il ne nous reste qu'à passer en revue les lois antérieures rendues en matière de livret, et à mettre en lumière celles de leurs dispositions qui sont demeurées en vigueur. Il en est plusieurs qui continuent à subsister, car il ne faut pas perdre de vue que la loi du 22 juin 1854 n'a innové que sous le rapport de la forme du livret et créé des pénalités qui n'existaient pas. Quant aux principes, ils n'ont pas été changés, et la véritable loi organique du livret est encore celle du 22 germinal an XI, modifiée sur plusieurs points essentiels par celle du 14 mai 1851. Nous ne parlerons cependant de la loi du 22 germinal an XI, qu'en tant que ses dispositions n'auront pas d'analogues dans les autres lois. Quant à celles qui y sont répétées, ou qui y sont virtuellement contenues, nous croyons inutile de nous en occuper. Il nous suffira de les rappeler en traitant de la loi nouvelle. Nous aurons soin également de noter celles qui sont implicitement abrogées.

56. La première et la plus importante de ces dispositions est celle qui limite la durée de l'engagement de l'ouvrier envers son patron. Cet engagement ne peut durer plus d'un an, à moins que l'ouvrier soit contre-maître, conducteur des autres ouvriers, ou qu'il ait un traitement et des conditions stipulées par un acte exprès. (Art. 15, loi 22 germinal an XI.) Ainsi tout engagement excédant ce terme est nul de plein droit quant au simple ouvrier, et il peut n'en pas tenir compte. L'art. 15 de cette loi fait pour lui exception au principe que toute obligation de faire se résout en dommages-intérêts en cas d'inexécution. Quant au maître, nous croyons qu'il ne serait pas reçu à invoquer le bénéfice de l'art. 15, et que la violation de la convention consentie par lui pourrait, selon les circonstances, donner naissance à une action en dommages-intérêts. L'art. 14 de la même loi porte, en effet, que les conventions faites de bonne foi entre les ouvriers et ceux qui les emploient seront exécutées. Or, le maître ne peut les enfreindre sans de bonnes raisons, et ce n'est pas pour lui qu'est faite la restriction contenue en l'art. 15.

Le simple ouvrier qui stipule un traitement ou des conditions différentes de celles des autres ouvriers, doit remplir ses engagements. Il s'est fait une position plus avantageuse ; il est en quelque sorte sorti de sa classe, il est juste qu'il soit tenu d'une manière plus étroite. La même raison s'applique au contre-maître et au conducteur.

57. Mais si l'ouvrier partageait le sort de ses pareils, s'il n'était pas plus favorisé qu'eux, il importerait peu qu'il se fût lié par une convention expresse. Il serait libre à l'expiration de l'année ; car ce n'est pas à cause de la convention, mais bien en vue de l'avantage supérieur qu'il en retire que l'art. 15 exige qu'il satisfasse à son engagement. S'il n'en était pas ainsi, le patron n'aurait qu'à faire signer une convention à l'ouvrier pour le tenir à sa disposition.

58. Il résulte donc de l'art. 15 de la loi du 22 germinal an XI que l'ouvrier peut enchaîner sa liberté pour un an. Mais, dira-t-on, à quoi cela aboutira-t-il ? et quel est le patron qui aura le moyen de retenir dans son atelier l'ouvrier qui voudra le quitter ?

Sans doute, il faudra bien qu'on le laisse partir. Mais il pourra lui retenir son salaire, ce qui n'est pas une petite considération. Ensuite, sous l'empire de l'ancienne législation, il détenait le livret de l'ouvrier, et l'empêchait par là de trouver du travail dans un autre atelier. Il est vrai qu'aujourd'hui il n'a plus le livret à sa disposition, mais il atteint le même résultat en refusant le congé d'acquit. On voit que les choses sont disposées de manière à forcer l'ouvrier à tenir ses engagements.

Au demeurant, en cette matière comme en toute autre, il n'y a rien d'absolu, et il est certain que l'ouvrier qui aurait à se plaindre de son patron serait reçu à faire résilier son engagement. Mais il ne pourrait obtenir ce résultat de son chef, il lui faudrait employer l'intervention du juge compétent, c'est-à-dire, du conseil de prud'hommes ou du juge de paix.

59. Nous avons dit ci-dessus que l'arrêté du 9 frimaire an XII n'avait pas été abrogé, bien qu'en réalité il en reste peu de chose ; il a surtout subi des changements considérables sous certains rapports.

Aux termes de l'art. 7 de cet arrêté, l'ouvrier qui avait reçu des avances, ou contracté l'engagement de travailler un certain temps, ne pouvait exiger la remise de son livret et la délivrance de son congé, qu'après avoir acquitté sa dette par son travail et avoir rempli ses engagements. Aujourd'hui, quand il a terminé l'ouvrage qu'il s'est obligé à faire, quand il a travaillé pour le patron pendant le temps réglé, soit par le contrat de louage, soit par l'usage des lieux, il a le droit d'exiger la délivrance de son congé, lors même qu'il n'a pas acquitté les avances qu'il a reçues. Il a le même droit quand le patron lui refuse de l'ouvrage ou son salaire (art. 2, loi 14 mai 1851). Ainsi la différence entre les deux articles consiste en ce que, quoique l'ouvrier reste débiteur des avances, dès qu'il a rempli ses engagements, son congé ne peut plus lui être refusé. Quant à la faculté de garder le livret, elle n'existe plus pour le patron, en présence de l'art. 6 de la loi du 22 juin 1854 qui abroge implicitement, sous ce rapport, l'art. 3 de la loi du 14 mai 1851. Maintenant l'ouvrier ne peut plus être contraint à se dessaisir de son livret.

60. L'art. 4 de la loi du 14 mai 1851 a introduit un autre changement au décret du 9 frimaire an XII. Dans le système de ce décret, le patron avait le droit d'inscrire sur le livret les avances qu'il fesait à l'ouvrier, à quelque somme qu'elles s'élevassent (art 8). Il n'en est pas ainsi maintenant, les avances ne peuvent plus être inscrites sur le livret que jusqu'à concurrence de trente francs, et elles ne sont remboursables au moyen de la retenue sur le salaire de l'ouvrier, que quand elles ne dépassent pas cette somme. Cette disposition est toute en faveur des ouvriers que le législateur a voulu protéger contre leurs propres entraînements, et défendre contre la malheureuse tendance que beaucoup d'entre eux ont d'anticiper sur leurs salaires. Elle est en même temps un avertissement aux patrons qui ne craindraient pas d'entraîner leurs ouvriers dans cette voie, ou de leur en faciliter l'accès. Le patron qui inscrirait une somme plus forte encourrait les peines portées par l'art. 11 de la loi du 22 juin 1854. Car cet article protége la disposition de l'art. 4 de laquelle on tire la prohibition.

Ainsi , nous ne craignons pas de dire que l'inscription sur le livret d'une somme au-dessus de trente francs devrait être réduite à ce chiffre, et qu'on ne pourrait faire de retenue pour le surplus. Mais l'ouvrier reste obligé pour l'excédant , car l'art. 4 de la loi du 14 mai 1854, bien que fait dans son intérêt, n'est, en définitive, qu'une loi de police dont l'objet n'est pas de le libérer de ses dettes. Il prive seulement le patron du droit d'inscrire sur le livret une somme supérieure à trente francs, et de la faculté de récupérer ses avances au moyen de la retenue. En équité et en droit , l'ouvrier est obligé de payer ce qu'il doit. (Voy. Douai.. — Arrêt 3 mai 1837 ; — Dalloz , Rep., vᵒ Industrie, nᵒ 132).

61. D'après l'art. 9 de l'arrêté du 9 frimaire an XII, la retenue pouvait s'élever au cinquième du salaire de l'ouvrier. Mais cette quotité a été restreinte par l'art. 5 de la loi du 14 mai 1851. Aujourd'hui la retenue n'est plus que du dixième du salaire journalier. Si l'ouvrier était payé à la semaine ou au mois, on prélèverait le dixième de la somme qui lui est allouée pour ce laps de temps.

62. La retenue se fait au profit du patron actuel. Quand elle est faite au nom du patron qui employait antérieurement l'ouvrier, il doit en être prévenu, et le montant mis à sa disposition. Dès que la dette est éteinte, mention en est faite sur le livret (art. 9, arrêté 9 frimaire an XII). Selon Dalloz, la retenue est obligatoire pour le nouveau patron (Rép., — v° Industrie, n° 135). Nous partageons cette opinion.

63. Nous croyons , bien que les lois rendues sur la matière ne s'occupent que des rapports de patron à ouvrier, que tout créancier serait recevable à faire opérer une retenue sur le salaire de l'ouvrier. Mais d'abord il ne passerait qu'après le patron ; ensuite il devrait se renfermer dans la limite tracée par l'art. 5 de la loi du 14 mai 1851. Aller au-delà, ce serait enlever à l'ouvrier les moyens de subsister. Cet article s'oppose invinciblement à ce qu'on franchisse la limite du dixième. A cette exception près, les rapports entre l'ouvrier et les tiers doivent être régis par les principes du droit commun.

64. Nous devons rapporter ici un arrêt de rejet de la Cour de cassation qui semble avoir méconnu le principe posé par l'art. 5 de la loi du 14 mai 1851. Il s'agissait d'un ouvrier débiteur envers un tiers de la somme de F. 400. Celui-ci fit pratiquer, entre les mains du patron, une saisie-arrêt sur tous les salaires échus ou à échoir qui pourraient être dus à l'ouvrier.

La saisie fut validée par jugement du Tribunal de Mende, du 17 février 1853, par les motifs : — qu'en principe, les biens d'un débiteur sont le gage du créancier, et qu'il n'y a d'exception à ce principe que celles prévues par la loi ; — qu'au nombre des exceptions qu'elle a admis ne se trouvent pas les salaires des ouvriers ; — et que la saisie a frappé aussi valablement sur les sommes dues à l'ouvrier, au moment de la saisie, que sur celles à venir.

Le pourvoi dirigé contre ce jugement fut rejeté. Voici les motifs de l'arrêt :

Attendu qu'aux termes des art. 2092 et 2093 du Code Napoléon, les biens présens et à venir d'un débiteur sont le gage de ses créanciers ; que le principe général écrit dans la loi ne peut comporter d'autres exceptions que celles que la loi a elle-même consacrées ;

Attendu qu'aucune loi spéciale n'a affranchi le salaire des ouvriers des saisies-arrêts que leurs créanciers peuvent pratiquer ; que l'art. 581 du Code de procédure civile déclare insaisissables les sommes et pensions pour aliments, encore que le testament ou l'acte de donation ne les déclare pas insaisissables ; que cette exception, loin d'être absolue et applicable à toutes les sommes qui ont un caractère alimentaire , est restreinte au cas où ces sommes ont été constituées par donation ou par testament , alors même que ces actes ne les déclarent pas insaisissables ; — que le sens et la portée de cette exception sont rendus plus évidents encore par la disposition de l'art. 582 qui permet la saisie pour une certaine portion qui sera déterminée par le juge en faveur des créanciers postérieurs à l'acte de donation ou à l'ouverture du legs ;

Attendu que le rapprochement de ces deux articles démontre que l'exception édictée par l'art. 581 du Code de procédure civile, ne peut s'appliquer aux sommes qui proviennent des conventions, encore qu'à raison de leur modicité , elles puissent présenter un caractère alimentaire;

Attendu qu'en validant, dans l'espèce, la saisie-arrêt faite au préjudice du demandeur, le jugement attaqué n'a ni violé ni faussement appliqué les articles précités : — rejette. (Arrêt 12 novembre 1853. — Dalloz. 1853-1-321).

En ne consultant que les textes sur lesquels cet arrêt s'appuye, il est fort bien rendu. Il proclame des principes certains, incontestables , devant lesquels il faut s'incliner. Mais en est-il de même si l'on fait intervenir l'art. 5 de la loi du 14 mai

1851 ? On a jugé que les art. 581 et 582, Code procédure civile, ne s'appliquaient pas à l'espèce. Personne n'en doute! Mais il s'agit de savoir s'il en est de même de l'art. 5 de la loi du 14 mai 1851 auquel personne n'a songé. Sur ce terrain, et bien que ce soit chose grave de critiquer une décision de la Cour suprême pour laquelle nous avons le plus profond respect, il nous semble que la question ne saurait être douteuse. Le patron, tant ancien que nouveau, ne peut retenir que le dixième du salaire journalier de l'ouvrier ; et l'on admettrait un créancier étranger dont la position est moins favorable à retenir, non-seulement tout le salaire échu, mais encore celui à échoir ? Cela paraît difficile à justifier.

Il faut dire néanmmoins que l'ouvrier dont il s'agissait était chef d'atelier. Mais cela change-t-il la question ? Nous ne le pensons pas. Le chef d'atelier travaille comme les autres ouvriers. Il en diffère seulement en ce qu'il surveille ses compagnons. Mais en réalité, il n'est rien de plus qu'un ouvrier sur le salaire journalier duquel, étranger ou patron, ne peut retenir que le dixième.

65. Mais laissons-là ce sujet et remarquons, en terminant, que l'art. 5 de la loi du 14 mai 1851 est l'expression réfléchie de cette jurisprudence qui commence à s'établir, d'après laquelle la retenue à opérer sur un salaire, quel qu'il soit, loin de porter sur le salaire entier, ne peut s'effectuer que sur une certaine quotité laissée à l'appréciation du juge. Évidemment on tend à généraliser l'application de la loi du 21 ventôse an IX, relative à la saisie des traitements des fonctionnaires publics.

66. L'art. 5 fait naître une question intéressante. La Commission chargée d'examiner le projet du Gouvernement, trouva que cet article n'était pas rédigé d'une manière assez précise, et elle proposa et fit adopter la rédaction actuelle. A notre avis, elle ne réunit pas dans son innovation, car nous allons voir qu'elle affaiblit l'article au lieu de le rendre plus énergique. A cette occasion, son rapporteur disait que le principe était que la retenue serait du dixième, et il demandait si l'ouvrier, même celui dont le salaire serait le plus considérable, ne pourrait jamais se laisser retenir plus du dixième de son salaire. Il répondait à cela que ce serait porter atteinte à la liberté des conventions, d'autant plus que l'ouvrier serait toujours le maître d'opérer lui-même une retenue supérieure, et même d'employer intégralement son salaire à l'acquittement de ses dettes. Il conclut de ce raisonnement que, par une convention librement consentie, il serait loisible, au patron, de se contenter d'une retenue moindre du dixième, et à l'ouvrier de stipuler qu'elle dépasserait cette quotité.

C'est ici que l'on voit combien le projet du Gouvernement l'emportait sur celui de la Commission, malgré le laconisme apparent de celui-ci. En effet, le projet portait que, dans aucun cas , la retenue ne pourrait dépasser le dixième du salaire. Si ce projet avait passé, la question que nous agitons n'aurait pas pu naître, car dire que dans aucun cas on ne pourra faire une chose, c'est déclarer nul tout ce qui aura été fait contrairement à cette prohibition.

Mais doit-on admettre sans réserve l'opinion du rapporteur? nous ne le pensons pas. Quant au maître, nous n'y voyons aucune difficulté, qui peut le plus, peut le moins ; et il est évident que si vous me devez cent francs, je peux me contenter de cinquante, qui y trouvera à redire ?

Quant à l'ouvrier, c'est tout autre chose. Pour lui, l'art. 5 constitue une loi d'ordre public que la convention la plus expresse est inhabile à éluder. Il est dans son intérêt et contre le patron, et il est dérisoire, après avoir établi en principe que la retenue sera du dixième du salaire, d'admettre l'ouvrier à consentir à une retenue plus forte, et à le livrer sans défense à son imprévoyance ou à la cupidité possible de son patron. Qui ne voit en effet que le patron qui voudra abuser de la position gênée de l'ouvrier, le fera consentir à une retenue supérieure du dixième avant de l'admettre dans ses ateliers? Nous ne sommes surpris que d'une chose, c'est qu'on se soit arrêté en si beau chemin, et qu'on n'ait pas dit que l'ouvrier pourrait valablement consentir à ce que son maître inscrivit sur son livret une somme supérieure à trente francs. Si l'art. 5 compris, ainsi que nous l'entendons, porte atteinte à la liberté des contrats, l'art. 4 de la loi de 1851, mérite le même reproche. Nous ne pouvons nous empêcher de le dire, si l'Assemblée Législative s'est associée aux explications de son rapporteur, elle a détruit d'une main ce qu'elle édifiait de l'autre.

Le plus extraordinaire, c'est ce raisonnement qui consiste à conclure que l'ouvrier peut consentir à une retenue supérieure au dixième, de ce qu'il a le droit de porter à son créancier la totalité de son salaire. Vous m'avez gagné mille francs au jeu. Je ne vous les paye pas, sous prétexte que vous n'avez pas d'action. Mais vous me dites : vous pouvez me les payer, vous en avez le droit ; donc vous en avez l'obligation. Je vous dois mille francs payables à deux échéances. Je vous porte la première, et vous me dites : vous avez le droit de me payer toute la somme, acquittez-vous donc ?

Arrêtons-nous, car nous tomberions dans le ridicule, et concluons que, dans l'intention du législateur, dans le système de la loi, l'ouvrier ne peut consentir à une retenue plus forte que celle fixée par l'art. 5 ; que tout engagement contraire serait nul, et que, bien certainement, les tribunaux ne le valideraient pas. Après cela, libre à l'ouvrier de vider ses poches dans celles de son patron, mais celui-ci ne pourra l'y contraindre au moyen de la retenue.

67. L'art. 6, loi 14 mai 1851 ne contient que des dispositions devenues pour la plupart sans objet. Il est inutile de s'en occuper. Il résulte cependant de son dernier paragraphe une conséquence que nous avons déjà fait pressentir (v. n° 63). Nous voulons dire que le patron a un privilége pour le paiement de ses avances, sur les sommes provenant de la retenue opérée sur le salaire de l'ouvrier. L'art. 6 s'en explique assez catégoriquement en disant que les avances non constatées suivant les formes et dans les délais établis seront soumises au droit commun. Cela revient à dire que toutes celles pour lesquelles on se sera conformé à la loi seront privilégiées.

Cette intention du législateur résulte d'ailleurs du rapport fait par M. Salmon au Corps législatif. Il qualifie de privilége, et même de privilége exorbitant, le droit donné au patron d'inscrire les avances sur le livret et de s'en faire rembourser par la retenue. Ces principes doivent être maintenus sous l'empire de la loi du 22 juin 1854 qui n'a innové que sous le rapport de la forme du livret. C'est sous ce point de vue seulement que l'art. 6 de la loi du 14 mai 1851 se trouve abrogé.

68. L'art. 7 indique par qui seront jugées les contestations entre patrons et ouvriers relatives aux congés et aux livrets. Les conseils de Prud'hommes ont une compétence exclusive. Là où il n'en existe pas, la connaissance des différents est dévolue au juge de paix, qui devra se conformer aux règles de compétence et de procédure prescrites par les lois, décrets , ordonnances et règlements.

69. Cette dernière disposition ne laisse pas d'être embarrassante par sa généralité. L'art. 7 a-t-il voulu dire que le juge de paix se référerait aux lois qui règlent sa propre compétence et sa procédure, ou bien qu'il appliquerait celles qui régissent les conseils de Prud'hommes ? La chose peut paraître douteuse, et, à coup sûr, l'article n'eût rien perdu à plus de précision. Nous croyons , néanmoins , que le juge de paix appelé à prononcer sur une matière exceptionnelle et qui ne rentre pas habituellement dans sa compétence , doit appliquer les lois et autres actes du pouvoir qui réglementent cette matière , et mettre de côté celles qui déterminent ses propres attributions et qui servent à les mettre en pratique. Remplissant les fonctions d'un conseil de Prud'hommes, il ne peut sortir du cercle dans lequel celui-ci est renfermé. Les observations qui vont suivre sur l'art. 8 prouveront le bien fondé de cette opinion.

70. Il est inutile de dire que l'art. 7, loi 14 mai 1851 abroge l'art. 19 de la loi du 22 germinal an XI en tout ce qui a rapport à la compétence. Aussi, le Préfet de police , à Paris, et les maires, dans les autres localités, ne connaîtront plus des contestations entre patrons et ouvriers, ni des contraventions auxquelles le régime du livret donnera lieu. Quant aux autres différents, ils seront portés devant les tribunaux auxquels la connaissance en est attribuée par les lois. Ce sont les termes de l'art. 20 de la loi du 22 germinal an XI (V. décrets 18 mars 1806, — 11 juin 1809, — 3 août 1810). Nous avons vu que les contraventions aux lois sur le livret sont dans les attributions du Tribunal de simple police.

Mais la compétence est déterminée par la situation de l'atelier dans lequel l'ouvrier travaille. Ainsi, le juge du lieu sur lequel cet atelier est placé, sera le juge compétent. Telle est la disposition expresse de l'art. 21 de la loi 22 germinal an XI.

71. L'art. 8, l. 14 mai 1851 porte que les juges de paix prononceront, les parties présentes ou appelées par voie de simple avertissement. Il suit de là que ces magistrats statueront valablement contre la partie défaillante, quoiqu'elle n'ait pas été citée par ministère d'huissier.

72. D'après l'art. 6 de l'arrêté du 9 frimaire an XII, les dommages-intérêts adjugés à l'ouvrier devaient être payés sur-le-champ. L'art. 8, l. 14 mai 1851 veut que la décision soit exécutoire sur minute et sans aucun délai ; ce qui revient à peu près au même. C'est la preuve que dans ce cas les parties sont affranchies de toute formalité de procédure particulière aux tribunaux de paix.

Le projet primitif en avait une disposition précise.
Il portait que les actes produits devant les juges
de paix ne seraient soumis qu'aux droits et aux
formalités prescrites pour les actes produits devant les conseils de Prud'hommes. Mais cette disposition fut retranchée sur l'observation faite par
le rapporteur, qu'elle se trouvait presque textuellement dans l'art. 27 de la loi du 22 janvier 1851
sur l'assistance judiciaire, et qu'il devenait super-
flu de l'insérer dans la loi du 14 mai 1851. (V.
encore la loi du 7 août 1850.)

LOI DU 22 GERMINAL. — 2 FLORÉAL AN XI.

TITRE III (1).

DES OBLIGATIONS ENTRE LES OUVRIERS ET CEUX QUI LES EMPLOIENT.

Art. 9. Les contrats d'apprentissage consentis entre majeurs ou par des mineurs avec le concours de ceux sous l'autorité desquels ils sont placés, ne pourront être résolus, sauf l'indemnité en faveur de l'une ou de l'autre des parties, que dans les cas suivants :

1° D'inexécution des engagements de part ou d'autre;

2° De mauvais traitements de la part du maître ;

3° D'inconduite de la part de l'apprenti ;

4° Si l'apprenti s'est obligé à donner, pour tenir lieu de rétribution pécuniaire, un temps de travail dont la valeur serait jugée excéder le prix ordinaire des apprentissages.

Art. 10. Le maître ne pourra, sous peine de dommages et intérêts, retenir l'apprenti au-delà de son temps, ni lui refuser un congé d'acquit, quand il aura rempli ses engagements.

Les dommages-intérêts seront au moins du triple du prix des journées depuis la fin de l'apprentissage.

Art. 11. Nul individu employant des ouvriers ne

(1) Les titres 1, 2 et 4 concernent l'établissement de Chambres consultatives, la police des ateliers et les marques de fabrique.

pourra recevoir un apprenti sans congé d'acquit, sous peine de dommages-intérêts envers son maître.

Art. 12. Nul ne pourra, sous les mêmes peines, recevoir un ouvrier, s'il n'est porteur d'un livret portant le certificat d'acquit de ses engagements, délivré par celui de chez qui il sort.

Art. 13. La forme de ces livrets et les règles à suivre pour leur délivrance, leur tenue et leur renouvellement, seront déterminés par le Gouvernement, de la manière prescrite pour les règlements d'administration publique.

Art. 14. Les conventions faites de bonne foi entre les ouvriers et ceux qui les emploient seront exécutées.

Art. 15. L'engagement d'un ouvrier ne pourra excéder un an, à moins qu'il ne soit contre-maître, conducteur des autres ouvriers, ou qu'il n'ait un traitement et des conditions stipulées par un acte exprès.

TITRE V.

DE LA JURIDICTION.

Art. 19. Toutes les affaires de simple police entre les ouvriers et apprentis, les manufacturiers, fabricants et artisans, seront portées, à Paris, devant le Préfet de police; devant les Commissaires généraux de police dans les villes où il y en a d'établi, et, dans les autres lieux, devant le Maire ou l'un des Adjoints.

Ils prononceront sans appel les peines applicables aux divers cas, selon le Code de police municipale.

Si l'affaire est du ressort des Tribunaux de police correctionnelle ou criminelle, ils pourront ordonner l'arrestation provisoire des prévenus , et les faire traduire devant le Magistrat de sûreté.

Art. 20. Les autres contestations seront portées devant les Tribunaux auxquels la connaissance en est attribuée par les lois.

Art. 21. En quelque lieu que réside l'ouvrier , la juridiction sera déterminée par le lieu de la situation des manufactures ou ateliers dans lesquels l'ouvrier aura pris du travail.

ARRÊTÉ DU 9 FRIMAIRE AN XII.

TITRE Ier.

DISPOSITIONS GÉNÉRALES.

Art. 1er. A compter de la publication du présent arrêté, tout ouvrier travaillant en qualité de compagnon ou garçon devra se pourvoir d'un livret.

Art. 2. Ce livret sera en papier libre, coté et paraphé sans frais , savoir : à Paris , Lyon et Marseille, par un Commissaire de police ; et dans les autres villes , par le Maire ou l'un de ses Adjoints. Le premier feuillet portera le sceau de la municipalité, et contiendra le nom et le prénom de l'ouvrier, son âge, le lieu de sa naissance , son signalement, la désignation de sa profession, et le nom du maître chez lequel il travaille.

Art. 3. Indépendamment de l'exécution de la loi sur les passeports, l'ouvrier sera tenu de faire viser son dernier congé par le Maire ou son Adjoint, et de faire indiquer le lieu où il se propose de se rendre.

Tout ouvrier qui voyagerait sans être muni d'un livret ainsi visé sera réputé vagabond, et pourra être arrêté et puni comme tel.

TITRE II.

DE L'INSCRIPTION DU CONGÉ SUR LE LIVRET, ET DES OBLIGATIONS IMPOSÉES A CET ÉGARD AUX OUVRIERS ET A CEUX QUI LES EMPLOIENT.

ART. 4. Tout manufacturier, entrepreneur, et généralement toutes personnes employant des ouvriers, seront tenus, quand ces ouvriers sortiront de chez eux, d'inscrire sur leurs livrets un congé portant acquit de leurs engagements, s'ils les ont remplis.

Les congés seront inscrits, sans lacune, à la suite les uns des autres ; ils énonceront le jour de la sortie de l'ouvrier.

ART. 5. L'ouvrier sera tenu de faire inscrire le jour de son entrée sur son livret, par le maître chez lequel il se propose de travailler, ou, à son défaut, par les fonctionnaires publics désignés en l'article 2, et sans frais, et de déposer le livret entre les mains de son maître, s'il l'exige.

ART. 6. Si la personne qui a occupé l'ouvrier refuse sans motif légitime, de remettre le livret ou de délivrer le congé, il sera procédé contre elle de la manière et suivant le mode établi par le titre 5 de la loi du 22 germinal (an XI). En cas de condamnation, les dommages-intérêts adjugés à l'ouvrier seront payés sur-le-champ.

ART. 7. L'ouvrier qui aura reçu des avances sur son salaire, ou contracté l'engagement de travailler un certain temps, ne pourra exiger la remise de son livret et la délivrance de son congé, qu'après avoir acquitté sa dette par son travail et rempli ses engagements si son maître l'exige.

Art. 8. S'il arrive que l'ouvrier soit obligé de se retirer, parce qu'on lui refuse du travail ou son salaire, son livret et son congé lui seront remis, encore qu'il n'ait pas remboursé les avances qui lui ont été faites : seulement le créancier aura le droit de mentionner la dette sur le livret.

Art. 9. Dans le cas de l'article précédent, ceux qui emploieront ultérieurement l'ouvrier feront, jusqu'à entière libération, sur le produit de son travail, une retenue au profit du créancier.

Cette retenue ne pourra, en aucun cas, excéder les deux dixièmes du salaire journalier de l'ouvrier; lorsque la dette sera acquittée, il en sera fait mention sur le livret.

Celui qui aura exercé la retenue sera tenu d'en prévenir le maître au profit duquel elle aura été faite, et d'en tenir le montant à sa disposition.

Art. 10. Lorsque celui pour lequel l'ouvrier à travaillé ne saura ou ne pourra écrire, ou lorsqu'il sera décédé, le congé sera délivré, après vérification, par le Commissaire de police, le Maire du lieu ou l'un de ses Adjoints, et sans frais.

TITRE III.

DES FORMALITÉS A REMPLIR POUR SE PROCURER UN LIVRET.

Art. 11. Le premier livret d'un ouvrier lui sera expédié : 1° sur la présentation de son acquit d'apprentissage ; 2° ou sur la demande de la personne chez laquelle il aura travaillé ; 3° ou enfin sur l'affirmation de deux citoyens patentés de sa profession , et domiciliés, portant que le pétitionnaire est libre de tout engagement, soit pour raison d'apprentissage , soit pour raison d'obligation de travailler comme ouvrier.

Art. 12. Lorsqu'un ouvrier voudra faire coter et parapher un nouveau livret, il représentera l'ancien. Le nouveau livret ne sera délivré qu'après qu'il aura été vérifié que l'ancien est rempli ou hors d'état de servir , les mentions des dettes seront transportées de l'ancien livret sur le nouveau.

Art. 13. Si le livret de l'ouvrier était perdu, il pourra , sur la représentation de son passeport en règle , obtenir la permission provisoire de travailler, mais sans pouvoir être autorisé à aller dans un autre lieu , et à la charge de donner à l'Officier de police du lieu la preuve qu'il est libre de tout engagement, et tous les renseignements nécessaires pour autoriser la délivrance, d'un nouveau livret, sans lequel il ne pourra partir.

ARRÊTÉ DU 10 VENTOSE AN XII.

Art. 1er. L'article 2 de l'arrêté du 9 frimaire dernier est applicable aux villes dans lesquelles il a été ou sera établi des Commissaires généraux de police ; en conséquence, le livret dont les ouvriers, compagnons ou garçons doivent être pourvus, y sera coté et paraphé, sans frais, par un commissaire de police , ainsi qu'à Paris , Lyon et Marseille.

LOI DU 14-21 MAI 1851.

Art. 1er. Les art. 7, 8 et 9 de l'arrêté du 9 frimaire au XII, sont modifiés ainsi qu'il suit :

Art. 2. L'ouvrier qui a terminé et livré l'ouvrage qu'il s'était engagé à faire pour le patron ; qui a travaillé pour lui pendant le temps réglé, soit par le contrat de louage, soit par l'usage des lieux, ou à qui le patron refuse de l'ouvrage ou son salaire, a le droit d'exiger la remise de son livret et la délivrance de son congé, lors même qu'il n'a pas acquitté les avances qu'il a reçues.

Art. 3. De son côté, le patron qui exécute les conventions arrêtées entre lui et l'ouvrier a le droit de retenir le livret de celui-ci jusqu'à ce que le travail, objet de la convention, soit terminé et livré, à moins que l'ouvrier, pour des causes indépendantes de sa volonté, ne se trouve dans l'impossibilité de travailler ou de remplir les conditions de son contrat.

Art. 4. Les avances faites par le patron à l'ouvrier ne peuvent être inscrites sur le livret de celui-ci et ne sont remboursables, au moyen de la retenue, que jusqu'à concurrence de trente francs.

Art. 5. La retenue sera du dixième du salaire journalier de l'ouvrier.

Art. 6. Les art. 7, 8 et 9 de l'arrêté du 9 frimaire an XII continueront, néanmoins, à recevoir leur exécution pour le montant des avances dues par les ouvriers à leurs patrons, antérieurement à la promulgation de la présente loi, sans que, en aucun cas, les livrets puissent être retenus pour assurer le remboursement de ces avances, ou que les patrons puissent se refuser à le recevoir en argent.

A cet effet, le montant de ces avances sera arrêté et inscrit sur le livret de l'ouvrier, l'inscription ainsi faite sera légalisée par le président du conseil des prud'hommes, ou à son défaut, par le juge de paix, dans le délai de deux mois, à partir de la promulgation de la présente loi.

Toutes les avances qui n'auront pas été constatées suivant les formes et dans les délais énoncés dans le paragraphe précédent seront soumises au droit commun.

ART. 7. Les contestations qui pourraient s'élever relativement à la délivrance des congés ou à la rétention des livrets seront jugées par les Conseils des prud'hommes, et dans les lieux où ces tribunaux ne sont pas établis, par les juges de paix, en se conformant aux règles de compétence et de procédure prescrites par les lois, décrets, ordonnances et règlements.

ART. 8. Les juges de paix prononceront, les parties présentes ou appelées par voie de simple avertissement. La décision sera exécutoire sur minute et sans aucun délai.

LOI SUR LES LIVRETS D'OUVRIERS.

22—26 JUIN 1854.

ART. 1er. Les ouvriers de l'un et de l'autre sexe attachés aux manufactures, fabriques, usines, mines, minières, carrières, chantiers, ateliers et autres établissements industriels, ou travaillant chez eux pour un ou plusieurs patrons, sont tenus de se munir d'un livret.

ART. 2. Les livrets sont délivrés par les maires. Ils sont délivrés par le Préfet de Police à Paris et dans le ressort de sa préfecture, par le Préfet du Rhône à Lyon et dans les autres communes dans lesquelles il remplit les fonctions qui lui sont attribuées par la loi du 19 juin 1851.

Il n'est perçu pour la délivrance des livrets que le prix de confection. Ce prix ne peut dépasser vingt-cinq centimes.

ART. 3. Les chefs ou directeurs des établissements spécifiés en l'article 1er ne peuvent employer un ouvrier soumis à l'obligation prescrite par cet article, s'il n'est porteur d'un livret en règle.

ART. 4. Si l'ouvrier est attaché à l'établissement, le chef ou directeur doit au moment où il le reçoit, inscrire sur son livret la date de son entrée.

Il transcrit sur un registre non timbré, qu'il doit tenir

à cet effet, les noms et prénoms de l'ouvrier, le nom et le domicile du chef de l'établissement qui l'aura employé précédemment, et le montant des avances dont l'ouvrier serait resté débiteur envers celui-ci.

Il inscrit sur le livret, à la sortie de l'ouvrier, la date de la sortie et l'acquit des engagements.

Il y ajoute, s'il y a lieu, le montant des avances dont l'ouvrier resterait débiteur envers lui, dans les limites fixées par la loi du 14 mai 1851.

ART. 5. Si l'ouvrier travaille habituellement pour plusieurs patrons, chaque patron inscrira sur le livret le jour où il lui confie de l'ouvrage, et transcrit, sur le registre mentionné en l'article précédent, les noms et prénoms de l'ouvrier et son domicile.

Lorsqu'il cesse d'employer l'ouvrier, il inscrit sur le livret l'acquit des engagements, sans aucune autre énonciation.

ART. 6. Le livret, après avoir reçu les mentions prescrites par les deux articles qui précèdent, est remis à l'ouvrier et reste entre ses mains.

ART. 7. Lorsque le chef ou directeur d'établissement ne peut remplir l'obligation déterminée au troisième paragraphe de l'art. 4 et au deuxième paragraphe de l'art. 5, le maire ou le commissaire de police, après avoir constaté la cause de l'empêchement, inscrit, sans frais, le congé d'acquit.

ART. 8. Dans tous les cas, il n'est fait sur le livret aucune annotation favorable ou défavorable à l'ouvrier.

ART. 9. Le livret, visé gratuitement par le maire de la commune où travaille l'ouvrier, à Paris et dans le ressort de la préfecture de police par le préfet de police, à Lyon et dans les communes spécifiées dans la loi du 19 juin 1851 par le préfet du Rhône, tient lieu de passeport à l'intérieur, sous les conditions déterminées par les règlements administratifs.

Art. 10. Des règlements d'administration publique déterminent tout ce qui concerne la forme, la délivrance, la tenue et le renouvellement des livrets.

Ils règlent la forme du registre prescrit par l'art. 4 et les indications qu'il doit contenir.

Art. 11. Les contraventions aux art. 1, 3, 4, 5 et 8 de la présente loi sont poursuivies devant le tribunal de simple police, et punies d'une amende d'un à quinze francs, sans préjudice des dommages-intérêts, s'il y a lieu : il peut, de plus, être prononcé, suivant les circonstances, un emprisonnement d'un à cinq jours.

Art. 12. Tout individu coupable d'avoir fabriqué un faux livret, ou falsifié un livret originairement véritable, ou fait sciemment usage d'un livret faux ou falsifié, est puni des peines portées en l'art. 153 du code pénal.

Art. 13. Tout ouvrier coupable de s'être fait délivrer un livret soit sous un faux nom, soit au moyen de fausses déclarations ou de faux certificats, ou d'avoir fait usage d'un livret qui ne lui appartient pas, est puni d'un emprisonnement de trois mois à un an.

Art. 14. L'art 463 du code pénal peut être appliqué dans tous les cas prévus par les art. 12 et 13 de la présente loi.

Art. 15. Aucun ouvrier soumis à l'obligation du livret ne sera inscrit sur les listes électorales pour la formation des Conseils de prud'hommes, s'il n'est pourvu d'un livret.

Art. 16. La présente loi aura son effet à partir du 1er janvier 1855; il n'est pas dérogé, par ses dispositions, à l'article 12 du décret du 26 mars 1852, relatif aux sociétés de secours mutuels.

DÉCRET DU 30 AVRIL – 12 MAI 1855.

ART. 1er. Le livret est en papier blanc, coté et paraphé par les fonctionnaires désignés en l'article 2 de la loi
du 22 juin 1854. Il est revêtu de leur sceau. Sur les premiers feuillets sont imprimés textuellement la loi précitée, le présent décret, la loi du 14 mai 1854 et les
articles 153 et 463 du Code pénal. Il énonce : 1° le nom
et les prénoms de l'ouvrier, son âge, le lieu de sa naissance, son signalement, sa profession ; 2° si l'ouvrier
travaille habituellement pour plusieurs patrons, ou s'il
est attaché à un seul établissement ; 3° dans ce dernier
cas, le nom et la demeure du chef d'établissement chez
lequel il travaille ou a travaillé en dernier lieu ; 4° les
pièces s'il en est produit, sur lesquelles le livret est
délivré. Les livrets sont imprimés d'après le modèle annexé au présent décret.

ART. 2. Il est tenu dans chaque commune un registre
sur lequel sont relatés, au moment de leur délivrance,
les livrets et les visas de voyage mentionnés ci-après.
Ce registre porte la signature des impétrants ou la mention qu'ils ne savent ou ne peuvent signer.

ART. 3. Le premier livret d'un ouvrier lui est délivré sur la constatation de son identité et de sa position. A défaut de justification suffisante, l'autorité ap-
pelée à délivrer le livret peut exiger de l'ouvrier une
déclaration souscrite sous la sanction de l'article 13 de
la loi du 22 juin 1854, dont il lui est donné lecture.

ART. 4. Le livret rempli ou hors d'état de servir est

remplacé par un nouveau, sur lequel sont reportés :
1° la date et le lieu de la délivrance de l'ancien livret ;
2° le nom et la demeure du chef d'établissement chez
lequel l'ouvrier travaille ou a travaillé en dernier lieu ;
3° le montant des avances dont l'ouvrier resterait débiteur. Le remplacement est mentionné sur le livret hors
d'usage, qui est laissé entre les mains de l'ouvrier.

Art. 5. L'ouvrier qui a perdu son livret peut en obtenir un nouveau sous les garanties mentionnées en
l'article 3. Le nouveau livret reproduit les mentions
indiquées en l'article 4.

Art. 6. L'ouvrier est tenu de représenter son livret
à toute réquisition des agents de l'autorité.

Art. 7. L'ouvrier ne travaillant que pour un seul
établissement doit, avant de le quitter et d'être admis
dans un autre, faire inscrire sur son livret l'acquit
des engagements. L'ouvrier travaillant habituellement
pour plusieurs patrons peut, sans cet acquit, obtenir
du travail d'un ou de plusieurs autres patrons.

Art. 8. Le registre spécial que les chefs d'établissement doivent tenir, conformément aux articles 4 et 5
de la loi du 22 juin 1854, est dressé d'après le modèle
annexé au présent décret. Il est coté et paraphé, sans
frais, par les fonctionnaires chargés de la délivrance
des livrets, et communiqué, sur leur demande, au
Maire et au Commissaire de police.

Art. 9. Le chef d'établissement indique, tant sur son
registre que sur le livret, si l'ouvrier travaille pour un
seul établissement ou pour plusieurs patrons. A l'égard
de l'ouvrier travaillant pour plusieurs patrons, le chef
d'établissement, n'est tenu de remplir les formalités
du paragraphe précédent que lorsqu'il l'emploie pour la
première fois.

Art. 10. Si l'ouvrier est quitte envers le chef d'établissement, celui-ci, lorsqu'il cesse de l'employer, doit inscrire sur le livret l'acquit des engagements.

Art. 11. Lorsque le livret, spécialement visé à cet effet, doit tenir lieu de passeport à l'intérieur, le visa du départ indique toujours une destination fixe et ne vaut que pour cette destination. Ce visa n'est accordé que sur la mention de l'acquit des engagements prescrits par les articles 4 et 5 de la loi du 22 juin 1854, et sous les conditions déterminées par les réglements administratifs, conformément à l'article 9 de la même loi.

Art. 12. Le livret ne peut être visé pour servir de passeport à l'intérieur, si l'ouvrier a interrompu l'exercice de sa profession, ou s'il s'est écoulé plus d'une année depuis le dernier certificat de sortie inscrit audit livret.

Art. 13. Le présent règlement ne fait pas obstacle à ce que des dispositions spéciales aux livrets soient prises dans les limites de leur compétence en matière de police, par le Préfet de police à Paris, et pour le ressort de la préfecture, et dans les départements, par les Autorités locales.

Art. 14. Sont abrogées toutes les dispositions des règlements antérieurs contraires au présent décret.

Bulletin des lois n° 293.

Modèle du Livret.

(*Art. 1er du décret du 30 avril 1855.*)

Dimension du livret : hauteur seize centimètres, largeur onze centimètres ; couverture cartonnée.

Les sept premières pages du livret contiennent au-dessous de ces mots, Livret d'Ouvrier, 1° la loi du 22 juin 1854 ; 2° le décret du 30 avril 1855 ; 3° la loi du 14 mai 1851 ; 4° les articles 153 et 463 du code pénal.

Ensuite et en regard sur deux pages :

DÉPARTEMENT   MAIRIE
d   d
——   ——
 	
ARRONDISSEMENT
d
 	
Série N°
——
Profession
 	
      Le   18
SIGNALEMENT.
 	
Agé   ans.
	né à
	taille : 1 m. c.
		département
		cheveux
			d
			sourcils
				demeurant
				front
					à
					yeux
						rue
						nez
							n°
							bouche
							barbe
							menton
							visage
							teint
							signes particuliers |
							
							      ayant justifié de
							      son identité et de
								PREMIER FEUILLET.
								
								sa position, a obtenu le présent Livret contenant quatorze feuillets cotés et paraphés par premier et dernier sur (1)
								
								à la charge par de se conformer aux lois et règlements concernant les ouvriers.
								   Le porteur (2) occupé en qualité d'ouvrier (3)
								
								Signature de l'Ouvrier.
								
								        Le Maire.
								    (*Sceau de la Mairie*).
								
								   (1) Indiquer, s'il y a lieu, les pièces produites.
								   (2) Est ou n été.
								   (3) Attaché à un seul établissement chez le sieur demeurant à rue n° ou travaillant pour plusieurs patrons.

Treize autres feuillets en blanc suivent et sont numérotés au recto, mais le dernier feuillet porte en tête du verso : « Le présent livret rempli et hors d'usage, a été remplacé par un nouveau, par nous Maire de la Commune d

        , département d

Le Maire   »

Et au bas du même verso : « Nota. — Le présent livret, rempli et hors d'usage, sera remplacé par un nouveau portant la date et le lieu de la délivrance du présent, le nom du chef de l'établissement chez lequel l'ouvrier a travaillé en dernier lieu, et le montant des avances dont il est resté débiteur. Ces mentions seront mises dans le blanc réservé pour la mention des pièces qui auraient pû être déposées. »

Bulletin des lois N° 293.

MODÈLE DU REGISTRE A TENIR PAR LES CHEFS D'ÉTABLISSEMENT.

(Art. 8 du décret du 30 avril 1855).

NUMÉROS D'ORDRE.	DATE de l'entrée de l'ouvrier ou du jour où il lui a été confié de l'ouvrage.	NOM et Prénoms de l'Ouvrier.	DEMEURE (par rue et numéro).	INDICATION de la Catégorie à laquelle appartient l'ouvrier (Mentionner s'il est attaché à un seul établissement ou s'il travaille en chambre pour plusieurs. Art. 9 du décret).	LIEU de la délivrance du Livret. — 1° Commune ; 2° Département	DATE ET NUMÉRO de la délivrance du Livret.		NOM ET DOMICILE du Chef du dernier établissement où l'Ouvrier a été employé.		INDICATION du montant des avances dues par l'Ouvrier à son précédent patron.	DATE de la sortie de l'Ouvrier ou du jour où il a cessé d'être employé.	AVANCES dues par l'Ouvrier à sa sortie.	Observations.
						Date.	Numéro.	Nom.	Domicile.				

PRÉFECTURE DE POLICE.

INSTRUCTION

Sur le service des livrets d'ouvriers, adressée a MM. les Commissaires de Police de la ville de Paris et du département de la Seine, et a MM. les Maires des Communes rurales.

Paris, le 15 octobre 1855.

Messieurs,

Pour répondre à des besoins vivement sentis dans l'industrie, le gouvernement de l'Empereur a présenté et fait adopter par le pouvoir législatif une loi sur les livrets d'ouvriers. Cette loi a été promulguée le 22 juin 1854 et a été suivie d'un décret impérial destiné à en régler l'application et portant la date du 30 avril 1855.

Je viens de prescrire, par une ordonnance de police en date de ce jour, la publication dans le département de la Seine de ces deux actes du pouvoir souverain, dont j'ai à suivre l'exécution avec votre concours. Je dois, en vous notifiant cette nouvelle réglementation, vous en faire apprécier toute l'importance et vous en faciliter l'étude par quelques instructions générales.

Le livret, que les mauvaises passions ont quelquefois cherché à discréditer et à dépopulariser, est une institution bienfaisante et protectrice pour l'ouvrier; il lui assure l'appui de l'autorité et devient pour lui un titre irrécusable à la confiance et à l'estime. Loin d'être une atteinte à sa liberté et à sa dignité, il a marqué l'affranchissement du travail et date de l'émancipation de l'industrie, dont il a été la conséquence et comme la constatation.

La loi du 22 germinal an XI, qui a créé cette institution, du moins dans sa forme et ses effets actuels, est due au génie du premier Consul et à la coopération de Chaptal; cette loi est restée comme le véritable Code du travail qu'elle a réglé avec une profonde entente des besoins et des conditions de l'industrie moderne. Toutefois, le temps avait révélé quelques lacunes dans cette première réglementation; d'autre part, le rapide développement de l'industrie française avait amené de nouveaux besoins auxquels le dernier gouvernement avait essayé de pourvoir, en présentant aux chambres divers projets dont aucun n'a pu aboutir à une loi.

C'était à l'empereur Napoléon III qu'il appartenait de compléter l'œuvre du premier Consul. C'est ce qu'il vient de faire en dotant l'industrie nationale, qui devait déjà tant à son règne, d'une législation vainement réclamée depuis plus de vingt ans.

Fidèle à sa constante sollicitude pour la population laborieuse, l'Empereur a voulu attacher de nouvelles faveurs à l'institution dont il s'agit : désormais le livret tiendra lieu de passeport à l'intérieur; il sera un titre nécessaire pour participer à l'élection du conseil des prud'hommes; enfin il restera en la possession de l'ouvrier et lui servira de permis de séjour et de tous autres papiers de sûreté, au lieu d'être déposé, comme précédemment, entre les mains du chef de l'établissement. Par cette dernière innovation, dont il a eu personnellement l'iniative, l'Empereur a voulu honorer la position de l'ouvrier et donner à ses rapports avec le patron le caractère d'équitable égalité qu'ils n'avaient pas eu jusqu'ici. On ne saurait douter que de telles preuves d'intérêt ne touchent ceux qui en sont l'objet.

Je vous devais, Messieurs, ces premières explications, qui serviront à vous faire saisir l'esprit, la tendance générale et le caractère libéral de la nouvelle loi. Elles étaient d'ailleurs le préliminaire naturel de l'examen que j'ai à faire avec vous des dispositions purement administratives dont vous avez à seconder l'application.

J'entre maintenant dans cet examen que je diviserai, pour plus de clarté, en un certain nombre de paragraphes.

1° — Professions et ouvriers auxquels s'applique l'usage des livrets.

L'art. 1er de la loi du 22 juin a pour but de généraliser l'usage du livret, sans le faire sortir du cercle purement *industriel*. Il étend l'application de cette institution à des professions qui étaient restées en dehors des prescriptions de la loi de l'an XI. Les termes de cet article sont clairs et précis. Il comporte néanmoins quelques explications.

Par exemple, il mentionne comme soumis à l'obligation du livret les ouvriers des *deux sexes*. Cette disposition est nouvelle et délicate; elle doit être appliquée avec une sage réserve et renfermée dans les limites fixées par le législateur lui-même. Voici comment s'est expliqué à cet égard le gouvernement dans l'exposé des motifs du projet de loi.

« Depuis l'an XI, les grandes manufactures se sont « beaucoup multipliées, et l'emploi chaque jour plus « étendu des moyens mécaniques a permis aux femmes

« d'accomplir dans ces établissements des tâches qui
« auparavant leur étaient interdites... A cet égard , au
« surplus, ce n'est point une nouveauté que propose le
« projet : il existe un certain nombre de fabriques où
« les femmes ont un livret comme les hommes , et la
« pratique montre que cet usage ne présente que des
« avantages. »

De son côté, le rapporteur de la commission s'expri-
mait ainsi devant le Corps Législatif : « Votre Commis-
« sion a repoussé une rédaction qui aurait atteint les
« domestiques , les gens de journée , les couturières et
« lingères allant en journée, toutes personnes à l'égard
« desquelles l'exécution de la loi serait pour ainsi dire
« impossible, et que l'intention du gouvernement, clai-
« rement exprimée par l'exposé des motifs, a été de n'y
« pas soumettre. »

Ces observations déterminent le sens de la loi : à proprement parler, le législateur n'a voulu que sanctionner,
à l'égard des femmes, les usages préexistants , et tout
montre qu'il a eu particulièrement en vue les *ouvrières
de fabriques* et celles qui exercent une profession INDUS-
TRIELLE proprement dite. C'est dans cette limite que,
pour le moment du moins , je ferai exécuter la loi. Il
conviendra donc que vous vous absteniez de toute initia-
tive à l'égard des ouvrières *non astreintes jusqu'ici à
l'usage du livret*, vous bornant à faciliter l'obtention de
ce titre à celles qui le réclameront spontanément. Ce ne
sera qu'après un certain temps d'expérience que l'administration pourra fixer tout-à-fait sa jurisprudence sur
ce point.

Il existe certaines professions qui résistent à l'adop-
tion du livret, en revendiquant pour ceux qui les exercent la qualité d'artistes. La loi fournit sur cette préten-

tion un moyen de solution fort simple, en faisant du livret une condition électorale pour la formation du conseil des prud'hommes : tout individu qui aura ou voudra concourir à cette élection sera tenu à l'obligation du livret.

D'un autre côté, on a quelquefois soumis à cette obligation, sous prétexte qu'ils n'ont pas de patentes, des individus travaillant pour des consommateurs directement et sans intermédiaires. C'est là une erreur : ces individus ne sont pas des ouvriers ; ils sont fabricants, patentés ou non.

2° — DE LA DÉLIVRANCE DES LIVRETS.

A l'avenir, le livret ne pourra être obtenu que sur la production d'un acte rédigé par vous, conformément au deuxième paragraphe de l'art. 4 de mon ordonnance. Vous aurez donc, dans la délivrance des livrets, un rôle essentiel au sujet duquel je dois entrer dans quelques détails. Depuis long-temps des plaintes s'élevaient sur certaines fraudes qui réduisaient le livret à une vaine formalité ; ces fraudes venaient de la facilité avec laquelle l'ouvrier infidèle parvenait à obtenir un nouveau livret, après en avoir abandonné un premier entre les mains du maître qu'il avait trompé. Pour mettre un terme à cette manœuvre, les divers projets présentés aux chambres avaient entouré la délivrance du livret d'une longue série de justifications en quelque sorte sacramentelles, au moyen desquelles on espérait assurer enfin la sincérité de ce titre. C'était là une erreur. Pour si minutieuses qu'elles fussent, de pareilles précautions restaient toujours impuissantes à prévenir toutes les fraudes, et elles avaient le grave inconvénient de multiplier les formalités au point de devenir tracassières et vexatoires pour la masse des ouvriers honnêtes. La loi nouvelle procède par des moyens tout différents et infiniment plus équitables et plus dignes : au lieu de détailler un ensemble de justifications étroites et exclusives, elle s'en remet à la prudence de l'administration sur les garanties à exiger ; elle suppose la bonne foi de l'ouvrier et lui laisse toutes facilités pour l'obtention du livret ; mais elle atteint la mauvraise foi et frappe d'une peine correctionnelle les manœuvres et les fausses déclarations, dont elle assure d'ailleurs la constatation. Il suit de ce système que, dans les cas exceptionnels où l'ouvrier est hors d'état de faire les justifications ordinaires, il peut obtenir un livret sur une simple déclaration souscrite par lui, mais à ses risques et périls et sous la sanction de l'article 13 de la loi du 22 juin, *dont il doit lui être préalablement donné lecture.* Telle est la disposition de l'article 3 du décret du 30 avril, auquel je vous invite à vous reporter toutes les fois que vous aurez à en faire l'application. En prescrivant la lecture du texte pénal, le décret a voulu empêcher qu'une disposition toute de bienveillance pour l'ouvrier ne devînt un piége pour son inexpérience. Cette formalité est donc un acte dont l'omission engagerait votre conscience et votre responsabilité.

Vous remarquerez que la disposition que je viens de rappeler n'a nullement pour effet d'écarter les conditions et les garanties exigées jusqu'ici. Ce ne sera que dans des circonstances rares qu'il y aura nécessité de s'en tenir à la simple déclaration de l'impétrant. Mais, dans les cas ordinaires, vous aurez à demander à l'ouvrier qui sollicitera la délivrance du certificat exigé par 'art. 4 de mon ordonnance, la justification de son identité et celle de sa position industrielle. Cette dernière justification se fera à l'avenir devant vous ; elle a lieu, en général, par la production d'acquits d'apprentissage, de certificats de travail délivrés soit par l'ancien maître, soit par celui qui veut occuper le postulant, ou enfin par la production de tous autres documents analogues.

Soit que le requérant produise des justifications de cette nature, ou qu'il réclame le bénéfice de l'article 3 du décret du 30 avril, il y aura lieu pour vous de lui donner acte de sa demande. J'ai fait imprimer une formule du certificat que vous aurez à délivrer, et il vous en sera provisoirement fourni des exemplaires par ma préfecture. Cet acte sera dressé par le commissaire de police de la résidence de l'ouvrier. Ainsi que je l'ai dit, il sera indistinctement exigé de tout ouvrier qui réclamera l'obtention d'un livret, fût-il natif de Paris. Quant aux pièces justificatives et aux certificats de travail, ils continueront à être légalisés par le commissariat du lieu de leur délivrance, et ils seront représentés au fonctionnaire qui recevra la demande de livret et devra donner le certificat.

3° — ENREGISTREMENT A LA PRÉFECTURE DES LIVRETS OBTENUS DANS LES DÉPARTEMENTS.

L'art. 2 du décret porte qu'il sera tenu dans chaque commune (à la Préfecture de police pour le département de la Seine), un registre sur lequel seront relatés, au moment de leur délivrance, les livrets et les visas de voyage. C'est là une mesure qui intéresse la bonne direction du service ; mais elle resterait inefficace, dans un centre comme Paris, si elle se bornait à l'inscription des livrets obtenus à la Préfecture de police. Aussi aux termes d'une disposition fort ancienne, et reproduite dans l'art. 6 de mon ordonnance, les livrets délivrés en province doivent-ils être également enregistrés dans mes bureaux, avant qu'il puisse en être fait usage dans le ressort de la Préfecture de police. Cette formalité est constatée par un visa spécial. Je vous recommande de veiller à son exécution.

4° — USAGE ET VISA DES LIVRETS.

La nouvelle réglementation n'apporte aucun changement dans la jurisprudence suivie à Paris en ce qui concerne l'usage et le visa des livrets. Vous n'aurez donc, à cet égard, qu'à suivre les traditions établies, et qui sont spécialement rappelées dans les articles 6, 7 et 8 de mon ordonnance.

Ainsi, l'ouvrier ne peut être admis dans un établissement que sur la présentation d'un livret. Il ne peut quitter cet établissement qu'après avoir obtenu un congé régulier, et il doit, dans les vingt-quatre heures de sa sortie, soumettre ce congé à votre visa. Ce n'est qu'après cette formalité qu'il peut être reçu chez un nouveau patron, sous peine de poursuites contre celui-ci, sauf ce qui sera dit ci-après au sujet des ouvriers en chambre. De son côté, le patron ne peut recevoir un ouvrier que tout autant que ce dernier est muni d'un livret en règle. Il vise ce livret à l'entrée, l'inscrit sur son registre et le soumet, dans les vingt-quatre heures, à votre propre visa.

A la suite de chaque visa délivré par vous, vous aurez à m'en adresser un extrait sous la forme d'un bulletin imprimé dont vous continuerez à réclamer dans mes bureaux les exemplaires qui vous seront nécessaires. L'envoi de ce bulletin, négligé dans ces derniers temps, devra être repris ; j'y attache une véritable importance. Je tiendrai la main à ce que cette mesure soit strictement exécutée et je compte à cet égard sur toute votre vigilance.

Vous remarquerez que le bulletin dont il s'agit doit relater les *avances* dont le livret pourrait être chargé. Veuillez recommander ce détail à l'attention de vos employés.

5° — DISTINCTION DES DEUX CATÉGORIES D'OUVRIERS ASSUJETTIS AUX LIVRETS.

J'arrive à l'une des dispositions les plus importantes de la loi, et sur laquelle il est d'autant plus nécessaire de s'arrêter, qu'elle est nouvelle et d'une application complexe. Jusqu'ici, la plupart des artisans travaillant chez eux et connus sous la dénommation d'*ouvriers en chambre*, sont restés étrangers à l'usage du livret. C'était une lacune à combler ; mais elle soulevait des difficultés que les anciens projets avaient renoncé à résoudre. Parmi les ouvriers en chambre, les uns travaillent pour un seul établissement auquel ils sont réellement *attachés* ; pour eux, point d'hésitation ; ils pouvaient être soumis au livret. Mais d'autres travaillent simultanément pour plusieurs patrons ; comment concilier avec une pareille situation les obligations ordinaires qu'entraîne l'usage du livret? Le législateur de 1854 ne s'est point laissé arrêter par cette objection ; il a considéré que le bienfait du livret consiste, avant tout, dans son existence même. En conséquence, il en a prescrit l'emploi indistinctement pour tous les ouvriers, sauf dispense, en faveur de ceux qui travaillent pour plusieurs patrons, des formalités incompatibles avec leur position. La loi distingue donc deux catégories d'ouvriers, soumis à l'usage du livret, mais avec des obligations différentes :

1° Les ouvriers ATTACHÉS à un seul établissement, et ne pouvant être occupés que par lui, soit qu'ils travaillent dans cet établissement même, soit qu'ils travaillent au dehors ;

2° Les ouvriers travaillant habituellement pour plusieurs établissements et pouvant être employés en même temps par plus d'un patron.

Les premiers, ne pouvant être admis dans un nouvel établissement qu'en justifiant d'un congé ou certificat de sortie de leur précédent patron ; les autres, dispensés de cette formalité et soumis simplement à faire viser leur livret à l'entrée par chaque patron qui les emploie *pour la première fois*. Vous trouverez ces distinctions clairement exprimées dans les art. 7 et 9 du décret du 30 avril.

Aux termes du deuxième paragraphe de l'article 1er du même décret, le livret doit énoncer à quelle catégorie appartient l'ouvrier. D'un autre côté, l'article 9 oblige le chef d'établissement qui reçoit un ouvrier, à mentionner, tant sur son registre que sur le livret dudit ouvrier, en quelle qualité il l'emploie.

Ainsi, le caractère ou la catégorie de l'ouvrier se détermine par le visa d'entrée que le patron des deux catégories est tenu d'inscrire au livret au moment où il emploie cet ouvrier. Et, puisque les obligations et les droits de l'ouvrier et du patron varient selon la catégorie à laquelle appartient le premier, il est de la dernière importance d'observer dans les visas la distinction fondamentale qui vient d'être indiquée. Pour rendre cette distinction plus sensible, j'ai arrêté des formules de visas que je vous invite à faire adopter par les chefs d'établissements.

Voici ces formules :

1° Visa d'entrée pour l'ouvrier de la première catégorie :

« Admis par moi comme ouvrier attaché à un seul établissement.

« Paris, le   18

(Signature et demeure du patron.)

2° Visa d'entrée concernant l'ouvrier de la deuxième catégorie :

« Occupé par moi comme ouvrier travaillant habituellement pour plusieurs établissements.

« Paris, le   18   »

(Signature et demeure du patron.)

3° Pour les congés ou certificats de sortie :

« Sorti libre d'engagements, le . . . .

« Paris, le   18   »

(Signature et demeure du patron.)

Vous avez déjà compris, Messieurs, que ce que je viens de dire de l'indication dans les visas de la catégorie à laquelle appartient l'ouvrier, s'applique au certificat que vous avez à délivrer pour l'obtention du livret.

Du reste, il est sensible que l'ouvrier d'une catégorie

peut passer dans l'autre avec le même livret. Ce changement se constate de plein droit par le visa d'entrée. Mais ici, il y a une remarque à faire : si l'ouvrier passe de la première catégorie dans la seconde, il doit préalablement justifier de l'acquit de ses engagements envers son dernier patron, tandis qu'il n'est tenu à aucune justification pour passer de la seconde catégorie dans la première.

6° — Registre a tenir par les chefs d'établissements.

La loi du 22 juin contient encore une innovation dont vous comprendrez aisément l'importance : elle prescrit au chef d'établissement la tenue d'un registre spécial sur lequel il doit inscrire le nom et la position de chaque ouvrier qu'il emploie. Conformément à l'article 8 du décret impérial et de la délégation contenue dans l'article 10 de mon ordonnance, ce registre sera coté et paraphé par vous. Mais vous aurez à m'adresser, pour chaque registre paraphé, un bulletin portant extrait de votre procès verbal. Des exemplaires imprimés de ce bulletin vous seront également délivrés à ma préfecture.

Vous voudrez bien ouvrir dans chacun de vos commissariats un registre sur lequel vous inscrirez les chefs d'établissements dont vous aurez paraphé les registres particuliers.

Ces derniers registres ne sont soumis à aucuns visas périodiques. Toutefois, ils vous seront communiqués à toute réquisition, mais sans déplacement et dans les établissements mêmes. Il a paru au Conseil d'Etat que cette disposition facilitait suffisamment l'exercice de votre surveillance.

7° — Sanction pénale. — Exécution de la loi.

Après avoir ainsi fixé tous les points de cette réglementation importante, le législateur a voulu assurer l'exécution de son œuvre en y attachant une sanction pénale. Les peines qu'il a édictées sont modérées, en rapport avec la nature des choses, mais suffisantes entre les mains d'une administration vigilante. Désormais, toute infraction, soit à la loi elle-même, soit aux règlements légaux sur la matière, constituera une contravention punissable. Ainsi se trouve comblée une lacune qui avait compromis sérieusement la législation précédente.

Je n'ai plus, dès lors, Messieurs, qu'à faire appel à votre zèle et à votre expérience pour assurer la réorganisation et la régularité d'un service que je mets au nombre des plus importants. J'ai lieu de croire qu'au moyen de l'influence que vous donne la confiance de vos administrés, vous parviendrez, en général, par la voie officieuse, à prévenir les contraventions et les poursuites. C'est mon désir. Mais lorsque, grâce à vos conseils et à vos bienveillantes directions, la loi sera connue et comprise, vous aurez à rechercher attentivement et à me déférer les infractions qui viendraient à être commises à ses sages dispositions. La multiplicité de nos rapports avec la population industrielle, la tenue du registre des patrons, le visa des livrets, leur usage comme papiers de sûreté, vous seront autant d'occasions et de moyens d'exercer un contrôle qui ne doit laisser échapper aucune contravention, s'il est fait avec la persévérance que je réclame de vous.

Après avoir excité votre zèle et votre dévouement

ordinaires, je termine, Messieurs, en faisant appel à votre prudence. Vous avez à faire l'application de mesures délicates; quelques-unes touchent à des susceptibililés qu'il faut prévenir ou écarter ; d'autres sont nouvelles et comporteront, dans les premiers temps surtout, quelques sages tempéraments ; toutes oxigont du tact et de la modération. J'espère qu'en cette circonstance, vous saurez, comme d'habitude, allier dans une juste mesure la prudence à la fermeté, et que vous contribuerez puissamment à assurer le succès d'une réglementation qui doit être pour le gouvernement de l'Empereur un nouveau titre à la reconnaissance du pays.

Je vous prie de m'accuser réception de cette circulaire.

Agréez, Messieurs, l'assurance de ma parfaite considération.

Le Préfet de Police,

PIETRI.

ORDONNANCE

CONCERNANT LES LIVRETS D'OUVRIERS.

———

Paris, le 15 octobre 1855.

Nous, préfet de police,

Vu la loi du 28 pluviôse an VIII et celle du 10 juin 1853,

Avons ordonné ce qui suit :

ARTICLE 1er. La loi du 22 juin 1854, concernant les livrets d'ouvriers, et le décret impérial rendu le 30 avril 1855, pour l'application de ladite loi, seront publiés à la suite de la présente ordonnance, pour être exécutés à Paris et dans le département de la Seine.

ART. 2. A l'avenir, les livrets seront exclusivement délivrés à la préfecture de police, tant pour Paris que pour la banlieue et les communes rurales.

Il en sera de même des visas de départ ou de voyage destinés à tenir lieu de passe-port à l'intérieur.

ART. 3. Les livrets anciens régulièrement tenus pourront servir aux usages déterminés par la loi du 22 juin 1854 et auront la même valeur que les livrets nouveaux.

ART. 4. Les ouvriers soumis à l'obligation du livret et non encore munis de ce titre seront tenus de s'en pourvoir dans le courant des deux mois qui suivront la publication de cette ordonnance, pour tout délai.

A cet effet, ils se présenteront à la préfecture de police (1re division, 4e bureau), munis d'un certificat délivré par le commissaire de police de leur section.

ART. 5. Le certificat du commissaire de police sera

délivré sur les justifications précédemment exigées, ou, à défaut de ces justifications, sur une déclaration souscrite par l'ouvrier sous la sanction de l'art. 13 de la loi du 22 juin 1854, *dont il lui sera préalablement donné lecture.*

ART. 6. Conformément à l'ordonnance de police du 1er avril 1831, tout ouvrier porteur d'un livret régulier, mais délivré hors de notre circonscription administrative, sera tenu, avant de faire usage de ce livret dans le département de la Seine, de le soumettre au visa de la préfecture de police, où ledit livret sera vérifié et inscrit.

Il est interdit à tout chef d'établissement de recevoir l'ouvrier nanti de ce livret avant l'accomplissement desdites formalités.

ART. 7. Après avoir inscrit sur le livret, conformément aux art. 4 et 5 de la loi et 9 du décret précités, soit la date de l'entrée de l'ouvrier, soit le jour où il lui aura confié de l'ouvrage pour la première fois, le chef d'établissement soumettra cette inscription, dans le délai de ving-quatre heures, au visa du commissaire de police.

Celui-ci vérifiera la régularité du livret et transmettra à la préfecture de police un extrait de son visa, le tout en vertu de l'article 6 de l'ordonnance de police du 1er avril 1831.

ART. 8. Lorsque l'*ouvrier attaché à un seul établissement* quittera son patron, il sera également tenu, dans le délai de vingt-quatre heures, conformément à l'ordonnance précitée et à celle du 30 décembre 1834, de faire viser sa sortie par le commissaire de police de la résidence du patron, lequel, après avoir constaté l'authenticité du dernier congé, adressera encore un extrait de son visa à la préfecture de police.

Nul chef d'établissement ne pourra recevoir l'ouvrier avant l'accomplissement de la formalité mentionnée au paragraphe précédent, laquelle ne pourra, d'ailleurs, jamais tenir lieu du visa de départ ou de voyage mentionné en l'article 11 ci-dessus.

ART. 9. Le livret ne pourra jamais être reçu ni retenu en nantissement par les logeurs, restaurateurs ou autres.

ART. 10. Il est accordé aux chefs d'établissement un délai d'un mois, à dater de la publication de cette ordonnance, pour se munir du registre spécial mentionné aux articles 8 de la loi et 4 du décret susvisés.

Ce registre sera coté et paraphé par le commissaire de police de la section, qui devra adresser à la préfecture un bulletin portant extrait de son procès verbal.

Il sera tenu d'une manière lisible, sans aucun blanc ni interligne.

ART. 11. Il n'est point dérogé aux mesures spéciales concernant les livrets des ouvriers boulangers, lesquelles ne font d'ailleurs nul obstacle à l'exécution des dispositions qui précèdent.

ART. 12. Les attributions déférées ci-dessus aux commissaires de police seront plus particulièrement exercées dans la banlieue, savoir : par les commissaires de police, dans les communes de leur résidence ; et par les maires, dans les autres communes, sans préjudice de la compétence et de la surveillance des commissaires de police dans ces dernières localités.

ART. 13. Les contraventions aux dispositions précédentes seront poursuivies devant les tribunaux compétents et punies conformément aux articles 11 de la loi du 22 juin 1854, 13 du décret impérial du 30 avril 1855 et 471 du code pénal.

Art. 14. Le chef de la police municipale et les commissaires de police de la ville de Paris, les commissaires de police et les maires des communes rurales sont chargés de l'exécution de la présente ordonnance.

Fait en notre hôtel, à Paris, le 15 octobre 1855.

Le Préfet de police,

TABLE DES MATIÈRES.

Les chiffres placés à la suite de chaque article correspondent à ceux des paragraphes.)

PAGES.

FIN DE LA TABLE.